シリーズ 社会福祉の探究 4

社会福祉援助学

介護福祉士・社会福祉士の専門性の探究

吉浦 輪 編著

学文社

執　筆　者

*吉浦　　輪　中部学院大学人間福祉学部准教授（序章，Ⅰ，Ⅴ，コラム）
　松本　一郎　法政大学現代福祉学部実習指導講師（Ⅱ-1）
　尾里　育士　中部学院大学短期大学部専任講師（Ⅱ-2）
　吉川かおり　明星大学人文学部准教授（Ⅱ-3）
　金子絵里乃　同志社大学社会学部専任講師（Ⅲ）
　谷口真由美　中部学院大学人間福祉学部専任講師（Ⅳ）
　大井智香子　中部学院大学短期大学部准教授（Ⅵ-1）
　大薮　元康　中部学院大学人間福祉学部准教授（Ⅵ-3）
　三好　明夫　京都ノートルダム女子大学人間文化学部准教授（Ⅶ-1）
　飛永　高秀　長崎純心大学人文学部准教授（Ⅶ-2）

　　　　　　　　　　　　　　　　　（執筆順・＊は編者）

はしがき

　1987（昭和62）年に社会福祉士及び介護福祉士法が制定されて以降，保健・医療・福祉のフィールドにおいて，直接間接にソーシャルワークの業務にかかわる専門職が増えてきた．その一方で，多くの専門職たちは，専門職としての自信とやりがいを見出せずにいる．介護福祉士の労働条件の問題など，社会問題としての指摘もなされているが，現場で働く多くの専門職たちは，労働条件や業務システムの困難さと自らの専門的力量とのギャップに苦悩している．

　専門職の力量の向上といっても，その内容や方向性を含め，諸先輩たちの通ってきた道を踏襲すればよいというものでもない．社会福祉の研究や実践においても，新たな問題と展開がみられる中で，専門職養成の方向性も揺らいでいる．

　2007（平成19）年に社会福祉士及び介護福祉士法の改正が行われ，養成カリキュラムの大幅な見直しが行われた．同時に社会福祉士会と社会福祉士養成校協会は，社会福祉士の雇用がなかなか進まない中で，職域拡大に向けた行政機関等への働きかけを行っている．国会審議を経て，国家資格としてソーシャルワーカーの資格制度を成立させたにもかかわらず，行政機関の中核である福祉事務所において必置規定がなく，その雇用は，3.2％に過ぎないという異常ともいえる現状を，私たちは，どのようにとらえればよいのであろうか（「福祉事務所現況調査」厚生労働省社会・援護局総務課 平成16年10月1日現在）．

　日々，多忙な中で業務に追われていると，自分がこうした社会的動向の中に身を置いている多くの専門職のひとりであり，新人もベテランもなく，時代の共通の困難に向き合い悩んでいることなど，なかなか感じることができないものである．事例検討などを通して，個別の援助活動をとらえ直し，その技能を

向上させることも専門職の研修において重要だが，ソーシャルワーカーをはじめとする援助専門職の技能は，向き合っている課題の困難さや組織の状況にも大きく左右される．専門職の教育や技術を論じる場合でも，業務やケーススタディから少し離れて，大局的な視点から私たちの仕事をもう一度とらえ直してみる必要があるだろう．

　本書は，シリーズ社会福祉の探求のひとつとして出版するものである．社会福祉士及び介護福祉士法に基づく，社会福祉士養成のためのシラバスに準拠しており，大学等の社会福祉士の養成課程で学ぶ学生を主たる読者として想定している．しかしながら，私たち執筆者もまた，それぞれの立場で，現代の社会福祉の課題と向き合っており，単にシラバスの内容をそのまま学生に教授するのではなく，若手研究者の現代的な問題意識を積極的に学生のみなさんに伝えたいと考えた．執筆者は，社会福祉の研究と教育，そして臨床の現場のパートナーとして，多面的な活動を続ける若手研究者である．テキストとしての基本を堅持しながらも，生き生きとした問題意識や感性を読者の皆さんに感じていただけるよう独自の理論展開なども織り交ぜて執筆していただいた．

　同時に，本書では，専門性と専門職性は，相互に関連しつつも異なるものである，という従来の類書とはやや違った観点に立ち，資格制度毎に独自の専門性を探究しようとする歩みは，それぞれの職能団体に委ねることとしている．そして，社会福祉士・介護福祉士を，狭義の社会福祉分野の専門職として狭く限定的にとらえず，看護師やその他の保健・医療・福祉職と共通の基盤をもった援助専門職としてとらえている．制度的に規定される専門職各々が，それぞれの専門性を追求し，社会的認知を高め，水準を上げていくことは必要不可欠なことである．しかし，社会福祉援助の今日的状況とその学問的視座からみれば，むしろ今日の専門職に求められる課題は，他の専門職との違いを学問的に探求することではなく，援助専門職として市民に対して何ができるか，その探求であり，同時に他の専門職との共通基盤の探求，そして相互に強固な団結と

連帯を築くことにある，というのが本書の基本視点である．そのことこそが，社会福祉士・介護福祉士が，市民からのより強い支持を得，その社会的地位を向上させることにつながるものと考える．

　ゆえに本書は，学生のみならず，すでに現場で業務に携わる多種多様な援助専門職，特に職業について間もない新人職員たちにとっても，参考にしていただける内容を含んでいる．ひとりでも多くの読者に，本書の目指すところをご理解いただき，困難な時代状況を切り拓いてゆくための力を養ってもらいたい．そうした願いを込めて，本書が，社会福祉を学ぶ多くの人びとへの一助になれば幸いである．

　最後に，私たち若手研究者に，貴重な出版の機会を与えていただき，終始，丁寧な助言をいただいた学文社社長田中千津子氏と編集部の担当者のみなさんに深謝申し上げたい．特に田中社長には，遅れがちな私たちの作業を，粘り強く見守っていただき，出版にまで導いていただいた．重ねて御礼申し上げる次第である．

2008年2月

吉浦　輪

目次

序章 社会福祉援助を学ぶ視点 …… 1

Ⅰ 社会福祉援助の今日的状況 …… 5
1. 現代社会における社会福祉援助の課題　5
2. 援助専門職の専門性と専門職制度　8
3. 「福祉」概念の拡大と社会福祉援助の広がり　11

Ⅱ 社会福祉援助の対象と目標 …… 14
1. 現代社会における生活問題の特性　14
    §1 社会問題の発生と社会的対応　15／§2 社会福祉の対象としての生活問題　17／§3 複雑化する現代の生活問題　19
2. 社会福祉援助の基礎的対象としての家族　21
    §1 援助対象としての家族　21／§2 家族とは　22／§3 家族を援助する視点　23／§4 家族援助におけるアセスメント　25
3. 社会福祉援助の目標としての生活再建　27
    §1 生活が問題化するプロセス　27／§2 生活再建支援の視点　29／§3 生活再建支援の目標　31

Ⅲ ソーシャルワークの理論と歴史 …… 35
1. ソーシャルワーク理論の歴史的発展　35
    §1 ソーシャルワーク理論の誕生　35／§2 2つの学派の登場　36／§3 ソーシャルワーク理論の統合化と多様化　38／§4 ソーシャルワーク理論の新たな展開　40
2. ソーシャルワーク理論の体系化に貢献した人　41

§1　ハミルトン(Gordon Hamilton, 1892-1967)　41／§2　ホリス(Florence Hollice, 1907-1987)　44

3. ソーシャルワークの実践モデル　47
§1　心理社会的アプローチ　47／§2　危機理論　50／§3　ライフ・モデル　53

Ⅳ　社会福祉援助の基礎技術　63
1. ソーシャルワーク論における援助技術の体系　63
§1　直接援助技術　63／§2　間接援助技術　64／§3　関連援助技術　65
2. 面接技術　67
§1　相談面接における基本姿勢　67／§2　面接の手順　70／§3　面接を構築する技術　70／§4　面接技術の向上のために　71
3. 処遇グループ　74
§1　処遇グループの種類　74／§2　援助者　75／§3　プログラム活動　77／§4　処遇グループにおける援助の展開過程　78
4. ケアマネジメント　80
§1　ケアマネジメントの定義と目的　80／§2　ケアマネジメントの留意点　82／§3　ケアマネジメントの展開過程　83
5. ソーシャルワーク論における援助過程　87
§1　個別援助技術の展開過程　87／§2　集団援助技術の過程　88／§3　地域援助技術の過程　90

Ⅴ　社会福祉援助の内容と構成　94
1. 社会福祉援助と制度・政策とのつながり　94
2. 生活問題に対応する社会福祉援助の内容　95
3. 生活問題解決の時間軸に沿った援助の組み立て　97
§1　緊急援助　98／§2　短期的援助　99／§3　長期的援助　100

4. 生活問題把握の視点 　　　　　　　　　　　　　　102

§1　生活問題の全体性と機能（部分）性　102／§2　問題の相互連関性　103／§3　個別性と一般性　104／§4　専門職との関係性　104／§5　構造認識と生活の創造性　105

Ⅵ　地域における社会福祉援助の展開 …………… 107
1. 地域福祉実践の対象と担い手　　　　　　　　　107
2. 地域福祉実践の方法　　　　　　　　　　　　　109

§1　コミュニティワークの歴史的展開（コミュニティワークと近接する概念）　109／§2　日本における地域福祉活動　111／§3　コミュニティワークの展開過程——"見えにくい"援助技術——　113／§4　地域における福祉実践の新たな展開（社会福祉援助方法論の統合化）　116

3. 市民運動と福祉計画をつなぐ　　　　　　　　　117

§1　市民運動と福祉計画をつなぐ視点　117／§2　社会福祉の計画化の流れ　118／§3　計画づくり，実施そして評価　119／§4　社会福祉計画の現状と課題　122

Ⅶ　社会福祉援助の広がり ……………………… 127
1. 社会福祉援助としてのケアワーク　　　　　　　127

§1　ケアワークとは何か　127／§2　ケアワーク実践の課題と展望　132／§3　社会福祉援助としてのケアワーク　133

2. 社会福祉援助としての実習教育　　　　　　　　134

§1　社会福祉援助と実習教育　134／§2　実習教育とスーパービジョン　135／§3　社会福祉援助と自己覚知　137

索　引 ………………………………………… 141

序章　社会福祉援助を学ぶ視点

　社会福祉の専門書やテキストにおいて,「社会福祉援助技術」という言葉は, 1987（昭和62）年に社会福祉士及び介護福祉士法が制定されるまでは, あまり用いられてこなかった. 社会福祉の「実践」や「方法（論）」という言葉が多く用いられてきた. 社会福祉士及び介護福祉士法が制定されるにあたって, そのシラバスに社会福祉援助技術という名称が用いられ, 以後, 各大学や養成施設のカリキュラムの標準化が図られる中, 社会福祉援助技術（論）という表現が一般化したといえるだろう.

　社会福祉士及び介護福祉士法制定以前の社会福祉の「援助」「実践」や「方法」「技術」とは何か, については, いくつかの学問的な見解や立場があり, 研究教育を担う大学や論者によって, その内容は大きく異なるという現状がみられた. 社会福祉の「実践」については, おおよそ次の2つの文脈で用いられてきたと考えられる.

　ひとつは, 社会福祉実践を社会福祉の制度体系に基づく専門職の援助活動として定義する立場である. この立場は, 伝統的なソーシャルワークを, 社会福祉実践とほぼ同義にとらえるものである. 学問的な探求においても, 専門ソーシャルワーカーによる方法技術を中心的対象に据えるものである. 明確な定義がなされているわけではないが, 社会福祉援助という用語も, ソーシャルワーカーによる援助という意味で, ほぼ同義に用いられることが多い. この立場は, 社会福祉士及び介護福祉士法に基づく専門職教育の内容にも引き継がれているといえるだろう. 論者によって差異はあるが, これまでの社会福祉士の国家試験受験のための多くのテキストにおいては, この立場で執筆が行われている.

　もうひとつは, 社会福祉実践を広義の社会福祉分野における活動一般として

とらえる立場である．この立場は，社会福祉実践を，公私の専門・非専門，制度的・非制度的なさまざまな人びとの共同作業によって成り立つものとしてとらえるものである．学問的にも，専門職が行使する援助技術やその展開方法についてだけでなく，人間とその生活を支えるさまざまな要素とそのかかわり方について，社会科学的理解を基礎としながら包括的にとらえようとする立場である．

　前者の立場は，あくまでも専門職教育を念頭に置いているため，ソーシャルワーカーが行使する技術に焦点が当てられており，その立場性が学問的立場にも反映されている．専門職養成という国家的社会的使命から考えれば，その考え方と立場性は，当然のことといえよう．

　後者の立場は，社会科学を基礎とする学問としての社会福祉（社会福祉学）の中に，ソーシャルワークや他の専門職による業務を位置づけようとする立場といえるだろう．

　社会福祉方法論とは，ソーシャルワークの和訳を「社会福祉の方法」としていた時代があり，その一連の理論体系をさす社会福祉学の領域といえる．今日のソーシャルワーク論とほぼ同義と考えてよい．ゆえに社会福祉方法論は，ソーシャルワーカーによる一連の対人対面的援助技術やその適用・展開過程について取り扱う理論であり，教科である．

　しかし「方法」とは，対象があり，その対象を変化させることを目的とした技術の適用とその法則性を意味するものである．窪田は，社会福祉方法論の研究と教育に長年携わってきたが，今日的な保健・医療・福祉とその関連領域の現場の変化と援助対象となる人びとへの人権的視点，パターナリズムからの脱却を志向した専門職の立場性などから，「方法」という操作的なニュアンスを含む名称を改め，1980年代から，社会福祉方法論にかわって社会福祉援助論という名称を用いて，新たな研究領域の提案をしつづけている．社会福祉援助論では，市民生活の中に問題を発生させる構造や生活を支えている社会的諸条件についての研究領域（窪田は「生活問題研究」とよんでいる）と密接につなが

りながら，専門職としてのソーシャルワーカー以外のさまざまな人びととのかかわりを含めた生活の全体性の理解を基礎とした援助のあり方が検討されている．

　本書では，社会福祉士養成教育の一環として，従来からの社会福祉援助技術論の内容を核としながらも，それに加えて，前述の広義の社会福祉実践のとらえ方（広義の社会福祉分野における活動一般であり，公私の専門・非専門，制度的・非制度的条件全体を視野に入れる）に立ち，社会福祉援助論の視点から，いくつかのテーマに沿って，ソーシャルワーカーが学ぶべき技術やその展開技法について紹介している．

　現場が直面している問題の背景には，きわめて複雑な構造をもち，解決困難な社会問題があり，保健・医療・福祉の援助専門職にとっては，その社会問題性の指摘と，社会的なレベルでの解決への提言が強く求められている．かつてないほど，そうした時代状況が強く私たちの前に立ち現れている．社会福祉の援助技術を論じるにあたっても，技術論だけに留まらない広い視野が求められる．したがって，対人援助の基本技術についての解説はもちろんのことであるが，それ以外にも，クライエントを取り巻く問題を社会問題としてとらえるための視点や理論的枠組み，さらに問題を職場や地域レベルで，多くの人たちと共有し，共通認識を形成するための共同作業の道筋など，きわめて今日的な実践活動のあり方について，一定の紙面を割いている．また，技術を論じるにあたっては，その前提的認識となるべき社会的な問題状況についても多くの頁を割り当てて，われわれの問題意識を書かせていただいた．このことは，現実の人間と社会にかかわる問題をとらえることこそが，援助活動の源泉であり，それは技術の習得と表裏一体で行われなければならない，という私たちからの強いメッセージである．

Ⅰ 社会福祉援助の今日的状況

1．現代社会における社会福祉援助の課題

　今日，保健・医療・福祉のフィールドにおいて，専門職の業務のあり方にかかわる2つの重大な動きが進行している．ひとつは，援助専門職の業務の第三次産業化であり，もうひとつは，個別的な援助課題と政策課題の乖離である．

　近年進行する保健・医療・福祉における市場原理の展開は，3つのレベルでとらえることができる．ひとつめは，福祉多元主義の下でのサービス供給部門への民間企業の参入であり，それに付随する形で，2つめに医療法人や社会福祉法人，公的機関の運営の企業化が進行している．特に介護保険制度の創設を契機に，民間企業の参入に応じるかたちで，医療法人，社会福祉法人，公的機関の運営さえも競争原理の中に巻き込まれてきているのが特徴である．経費の削減と財政の効率的運営，そして利用者・顧客の確保が大きな命題となっている．

　そして3つめが，第二の市場化に応じて展開している援助専門職業務の第三次産業化である．公民に限らず援助専門職の業務は，社会的公正や公共性を背負った援助者の基本的態度といった技術の内容を越えて，サービス業の接客マナーに転化してきている．たとえば，公立病院の中には，巨額の財政赤字を背

景に民営化が検討されているところも多いが，そこでは，民間病院との競争の中で，経営の合理化や運営の効率化など，「市場」での生き残りをかけた懸命な努力が続けられている．患者の人権尊重といった次元を超えて，民間医療機関同様に，患者・クライエントを医療サービスの「消費者（コンシューマー）」「お客様」としてとらえ，職員への接遇教育が重視されてきている．

　保健・医療・福祉における援助専門職の業務は，市民や利用者に対して援助を行う一方で，その専門性の名のもとに，時に利用者の人間的尊厳や人権を無視した行為を押しつけてきた．援助専門職の人材養成において，接遇が重視されることは，援助専門職がパターナリズムに陥り，権威となってきた歴史経過を振り返れば，クライエントやサービス利用者にとっては，前進ととらえられる側面もある．しかし一方で，厳しい経営状況の中で，顧客の選別も各領域で行われるようになってきた．専門職といえども，経営体の中ではひとりの被用者である．したがって，雇用されている組織の目的や考え方に沿って，業務は遂行されなければならない．クライエントのニーズや利益と組織体の利益が合致しない場合には，専門職といえども完全に公共性や社会的公正のみを背負った存在でいることはできない．この点で，今日のソーシャルワーカーは，公共的な使命をもった援助専門職としての側面と，今日的な経営体の被用者としての側面との二面性をもつ．

　しかし，今日の援助専門職，特にソーシャルワーカーの専門性は，対面している一人ひとりの利用者・顧客に対する対応の技術を基軸としながらも，それだけでとらえてはならない．低所得層をはじめとする顧客になれない市民を含めた地域や社会全体の公共性，社会的公正の中で，今日の利用者たちの問題をとらえることができなければ，社会福祉学を基盤にした専門職とはいえない．

　専門職の雇用情勢と専門職としての専門性の向上は，必ずしもその内容は全面的に合致しない．多くの援助専門職たちは，低水準の労働条件や過重労働の中で，組織的命題を背負い，専門職としての裁量のない業務の集積の中で，労働のやりがいを失い，自らの専門職としての発達の展望を見失っている．その

ような観点から，今日の保健・医療・福祉の市場化は，専門職の業務とその養成教育という点からみれば，そのあり方と方向性に関して，大きな課題を突きつけてきている．

一方，今日，地域社会で発生している社会福祉問題には，狭義の福祉サービスの利用や数回の相談援助によって，解決の見通しが得られるものと，専門職を中心とする組織的援助が長期間に渡って提供されなければならない深刻な問題とが混在している．前者は，比較的，市場原理を中心とした今日の保健・医療・福祉政策の枠内で対応されているが，しかし後者は，社会問題として取り上げられることも多い問題であって，狭義の社会福祉制度の利用や調整で解決できる問題ではない．個別的な援助の提供だけでなく，専門的・社会的対応のあり方が検討・構築されなければならない，きわめて高度な専門性を必要とする問題である．

たとえば，介護保険制度の下で，ケアマネジメントを行い，サービス調整を図ることは，専門職であるケアマネジャーが担う一般的な業務である．多くのサービス利用者は，そのような制度的な支援によって，生活の崩壊を来すことなく，日常生活を営んでいる．しかし，家庭における虐待問題など，一部の世帯における生活問題は，複数の問題が複雑な構造でつながっており，その解決は容易ではない．一見，個別の問題であるかのように現象化するが，実は，きわめて複雑な構造の下で，社会的要因がかかわった問題である．したがって，その問題の解決・緩和にあたっては，当該の個人・家族への援助だけでなく，地域的社会的なレベルでの対応のあり方が検討されなければならない．個別的な生活問題への対応にかかわりながらも，その問題の社会性を，社会に訴え，新たな組織的制度的対応を構築していく作業は，社会福祉にかかわらず対人援助にかかわる専門職に対して，共通に求められる専門性である．しかし，これらの活動は，ケアマネジャーの日常的業務の枠組みを超えるものであり，今日の社会状況の中では，企業的なセクターで提供されるものではない．

にもかかわらず，財政健全化を背景として，地方自治にかかわる諸制度の改

革が急速に進めれらる中で,公的福祉労働は後退の一途である.生活保護では,自立助長の名の下に,生存権すら脅かす「適正化」が進められている事例が後を絶たない.障害者自立支援法をめぐっては,障害者団体からの反対が相継ぎ,法制度の修正が後追い的になされている.制度・政策が目指す方向と,臨床の場での個別の援助課題は,言葉の上では同一線上であるかのような様相を呈しながらも,実態としては大きくかけ離れる内容を現している.このことは少なからず,法制度の下で業務に携わる援助専門職にとって,大きな混乱を招いている.同時に,社会福祉士をはじめとする専門職教育の内容においても一定の混乱が現れている.

今日の社会福祉援助をめぐっては,専門職を目指す個人の技術の習得や技能の向上だけでは,とうてい太刀打ちできない大きな課題が重層的に取り巻いていることを,私たちは認識しなければならない.

2. 援助専門職の専門性と専門職制度

市民社会における個人および家族の生活上の諸困難の解決・緩和を目指して,生活の多面的な領域におけるさまざまな援助活動を担う専門職を総称して,援助専門職とよぶ.人間とその生活という,明快な基準や規定によって把握することがきわめて困難なものを対象として,多種多様な領域における数々の援助行為を担う職種が,一定の広がりと重なり合いをもちながら業務を遂行している.その中には,法制度的に位置づけられているものから,未だ位置づけられていないもの,有給職員によるものやボランタリーな供給形態をとるものまで制度的組織的な条件もまたさまざまである.ゆえに,その業務もまた社会的に明快な基準規定で表現できるものではなく,社会福祉士・精神保健福祉士・介護福祉士など社会福祉の学問や制度体系を基盤にして援助活動に携わる専門職にとっては,専門性の探求は長年のテーマとなっていた.特に日本においては,欧米諸国などの先進諸国に比べて,ソーシャルワーカーなど社会福祉

にかかわる専門職の社会的承認の度合いが低いため，保健・医療分野と比較して，その専門職制度の確立はいちじるしく遅れていた．1987（昭和62）年に社会福祉士及び介護福祉士法が制定されるまで，ソーシャルワーカーなど社会福祉にかかわる専門職の資格制度はまったく確立しておらず，第2次世界大戦後の混乱期を乗り越えるために創設された社会福祉主事制度が現在も，行政機関においては，主要な資格制度となっているのが実情である．したがって，福祉職の独自性・専門性についての議論と研究は，職能団体を中心に，資格制度を求める運動と並行して盛んに行われてきた．そのような背景から，日本における援助専門職の専門性の議論は，きわめて職能団体ごとの職域や業務内容にそって展開されてきたのが特徴といえよう．

　しかし，社会福祉そのもののあり方が大きく変化しようとする時代において，果たして，援助専門職の専門性は，どのようにとらえられるべきなのだろうか．また，そもそも専門性とは一体どのようなものなのであろうか．まず，このことから検討しなければならない．

　グリーンウッドは，専門職の条件として，体系的な理論，専門職的権威，社会的承認，倫理綱領，専門的文化の5つをあげている．稲沢は，この5つの条件を手がかりにして，援助専門職の専門性について述べている．要約すると次のようになろう．

　専門性は，特定の職業が，理論や権威を背景に社会的に承認されることによって形成される．しかし，それは一方で，援助者と被援助者の間の援助関係において，非対称性，すなわち力の不均衡を生じさせる条件となる．実際の援助活動は，この不均衡の状態を前提に行われているが，知識・技能・権限のバランスがとれている場合には，現実的な効力が生まれる．しかし，社会福祉の専門職の場合，権限が先行しがちであり，その権限は，個人ではなく，組織に体現されている．したがって，援助関係の非対称性からくる問題は，専門職個人の技能によってその責任が発生するのではなく，組織的な命題によって発生する．社会福祉の専門職の専門性は，このような機序によって成立しているた

めに，一人ひとりの専門職にとっては，倫理が強く求められ，職能団体はその定立を行う，というものである[1]．

　窪田は，専門性と専門職性を区別してとらえることを提唱している．どのように人や生活を支えるか，その援助内容にかかわる条件を専門性としてとらえ，その援助を社会的にどのように分業・協業するかを規定したものが専門職制度である，としている．そして専門職性とは，専門職制度の枠組み内での業務の特性として理解される．これらの議論から，少なくとも専門性とは，労働の質や条件にかかわる特性を示すものであり，それは対象との関係で規定されるべき本質ととらえることができるだろう．一方，専門職制度は，その専門性のありようから規定される制度としての社会システムであり，制度に規定される業務の特性が専門職性である，といえるだろう．

　前述のように日本の場合，社会福祉専門職の認知が歴史的に高まらずに経過してきたため，専門職能団体は，自らの独自性を主張しがちであるが，実は，これは一方で，援助者としての非対称性，権威性を高めることにつながり，それはクライエントの目からみた場合，援助者としてのパートナーシップの低下に結びつく危険をはらんでいる，といえるだろう．

　社会福祉の専門職は，日常業務の中で，向き合っている課題とその解決の方向性が，専門職としての立場からの判断なのか，被用者・企業人としての判断なのか，常に自問自答する意識が求められるだろう．たとえば，学生の実習指導に当たっても，現場の専門職や養成機関の指導者たちは，学生に対して，そのことについて一定の合理的な説明ができなければならないし，学生も現場で目の当たりにする労働者の姿の中に，両者の（一見，矛盾したかのようにみえる）側面があることを理解しておかなければならない．

　社会福祉の専門職の専門性とは，その矛盾や狭間の苦悩を背負いながら，大きな歴史の流れの中で，少しずつ前進してきたものといえよう．専門性という点で，援助専門職が明らかにすべき今日的課題は，職種間の業務の違いがどうであるか，ということよりも先んじて，今日の人間や家族への援助として，何

が必要なのかという認識が基礎であり，自分たちの仕事の中にある，公共的なものと商業的なもの，そしてその重なり合いを見極めていくことであろう．よく使われる「利用者本位」という言葉にもその両面があることを私たちは理解しておく必要がある．

3.「福祉」概念の拡大と社会福祉援助の広がり

「福祉」という言葉は，今日，多義的に用いられている．従来のように，広義，狭義の二重の側面をもちながらも，一般社会においても多様な意味を包含して用いられるようになってきた．特に，近年では「Well-Being」を実現するための関連諸科学における研究や技術革新はいちじるしい．介護の領域にも，情報科学や人間工学，ロボット工学などの知見が応用されてきている．このような関連諸科学の成果を実践に応用する際にも「福祉」の名称が付されることが多い．こうした「福祉」の拡大傾向が今日の特徴である．

介護保険制度の創設以降，福祉にかかわる諸サービスは，その供給量の拡大がはかられ，多くの人びとがサービスを利用するようになった．同時に，今日の保健・医療・福祉の制度的再編は，相互の対象領域の見直しを含みながら進められている．これまで，狭義の福祉といわれてきたものが介護とされたり，一部の医療サービスが介護の範疇に含められたりしている．また新たな領域が形づくられたりしている．制度的な狭義の福祉サービスの対応に当てはまらない複雑な生活問題も発生している．社会保障のサービス全般において，「福祉」の意味が，大きく改められている中で，そこにかかわる専門職の範囲もまた拡大してきている．

今日，医療や福祉にかかわるさまざまな専門職を，分野領域ではなく，生活問題とのかかわりで整理する必要が出てきている．試論的には，制度化されているか否か，また国家資格であるか否かにかかわらず，3つに大別することができる．

第一に，生存権に規定される日常生活の維持に直接かかわる専門職である．たとえば，医師，看護師，保健師，理学療法士，作業療法士，言語聴覚士，臨床心理士など心身の健康や障害にかかわる職種や，生活の再建や深刻な生活問題の解決過程を支援する社会福祉士，精神保健福祉士，介護福祉士などである．これらの職種には，実習を含む高度な養成課程が設けられており，その労働には，それぞれが依拠する学問によって，一定の科学的な裏付けがなされている．

第二が，第一の専門職と日常的に共同・連携する職種であり，第一の専門職に比較して簡易な養成課程が設けられている職種である．その労働に対する学問的科学的な裏付けも，第一の職種と次の第三の職種の中間的な位置づけにある．たとえば，訪問介護員（ホームヘルパー）や栄養士などがこれにあたる．

第三に，生活の機能的・部分的な領域の援助やさらなる生活の質の向上にかかわる職種であり，第二の職種よりも一層短期間の課程で養成されるものである．福祉住環境コーディネーターやレクリエーションインストラクター，ガイドヘルパー，音楽療法士やアロマセラピーなどを担う専門家などが含まれる．

これらの職種が，現場の実践において連携をはかるためには，援助専門職としての基礎的な専門性を共有している必要がある．今日，社会福祉援助の重要な研究領域として，援助専門職としての基礎的専門性の探究がある．この明確化と各職種への基礎教育としての浸透は，今日急務の課題である．

福祉多元主義

1970年代以降，アメリカ・イギリスなど先進主要国は，財政赤字に苦しみ，景気の後退をみせ始める．そのような中，財政削減を主目的として，特にイギリスにおいて，本来公的部門が果たす社会サービス供給における役割を民間のボランタリー組織に代替させるような政策がとられた．以後，日本，アメリカにおいても社会保障の各分野において民間企業の参入などが大きく位置づけられるようになってきた．このように社会サービスの供給を，民間企業やＮＰＯなどさまざまな団体に委ねようとする考え方を福祉多元主義という．

援助関係の対称・非対称性

　一般にソーシャルワーカーが「クライエントの立場や人間を尊重する」と主張したとしても，クライエントは相対的に弱い立場であり，お互いの関係は決して対等・平等ではない．ソーシャルワーカーは，常に援助する主体であり，クライエントは援助を受ける客体である．両者の間には力の不均衡が生じており，これは専門性とそれに基づく権威性が高度であればあるほど，その不均衡は拡大する．これが援助関係の非対称性である．しかし，歴史的に，ソーシャルワーカーは理論的にも実践的にも，クライエントに対して，「友人」たり得ようと努力を重ねてきた．これが援助関係の対称性の探究である．ソーシャルワーク論における本質的な命題である．

注）
1)　植田章・岡村正幸・結城俊哉編著『社会福祉方法原論』法律文化社，1997年

II 社会福祉援助の対象と目標

1. 現代社会における生活問題の特性

　「社会福祉」という言葉は，一般に「目的概念」と「実体概念」に分けて説明される．「目的概念としての社会福祉」はやや抽象的であるが，「社会全体の幸福」や「国民のよい暮らし向き」など，目指すべき個人や家族の状態を達成するための理念を指し示している．社会生活が問題なく営まれていれば，特段「社会全体の幸福」を目指す必要はないのだから，裏返せば，「容認できない状態」の存在を認める価値判断がなされていることを意味する．この価値判断のもと，容認できない状態を解決・緩和するために，時代の要請に応じて，ナショナルミニマム，ノーマライゼーションなどの理念が作り出されてきた．近年では，人間の尊厳，利用者主体，自己決定，自立支援，住民参加，地域福祉の推進，情報開示などの理念が強調されている．

　この「目的概念としての社会福祉」に導かれて，人びとに対して「社会的に」「福祉」をもたらすために編成される制度や援助活動が「実体概念としての社会福祉」である．具体的には社会福祉法，福祉六法（生活保護法，児童福祉法，身体障害者福祉法，母子及び寡婦福祉法，老人福祉法，知的障害者福祉法），その他の関連法，法令にかかわる通知・通達，および援助活動によって，社会福祉制

度は構成される.

　では,社会福祉ないし社会福祉援助は,何を対象とするのだろうか.社会福祉という言葉は,その目的と実体を統合した概念であるが,目的概念では抽象的すぎて,対象が曖昧になり,実体概念では実際の社会福祉制度の法令に基づいて対象となった人となりがちで,対象が狭くとらえられる傾向が強い.

　そこで,本節では,社会福祉援助の対象および課題をより広く,かつ深く考えるために,まず社会福祉の対象と歴史的にかかわってきた社会問題について述べる.次に社会福祉の対象としての生活問題把握の重要性について取り上げる.その上で,複雑化する現代の生活問題の特性を社会問題との関係の中で考える.

§1　社会問題の発生と社会的対応

　社会問題は,古くは資本制システムに深く根ざした労働問題・貧困問題として認識された.封建社会の解体をともなって生まれた資本制社会は,失業,長時間労働,危険労働などを生み出し,労働者の心身の健康を蝕み,労働力の再生産を阻害する直接的原因となった.生活を維持するために労働力を販売するしかない労働者は,所得がなくなり,ないしは減少し,経済的な自活が果たせなくなると,個人や家族が生活困窮の状態に陥ることを余儀なくされたのであった.イギリスの労働者階級の生活状態を詳細に描き出したエンゲルス(F.Engels)は,「社会が労働者の健康のつづかない,長生きできない状態においていること,社会がこのような労働者の生命を少しずつ,徐々にけずりとり,はやばやと墓場につれていくこと…このような状態が労働者の健康や生命にとっていかに有害であるかを社会は知っておきながら,それでもこうした状態を改善するためにはなにもおこなっていないこと…社会はみずからの制度の結果を十分承知していること,したがって社会のやりかたはたんなる傷害致死ではなくて殺人である」と述べ,労働者を死に追いやる労働条件と居住環境の劣悪さに対する社会的放置・無視を「社会的殺人」として告発した[1].さらには,

資本制システムの発展とその矛盾の深化とともに，労働者や社会主義者による社会運動が尖鋭化し，国家としては，社会を存続させるためにも労働問題・貧困問題を解決することが重要な課題となった．

19世紀後半から20世紀初頭にかけては，ブース (C. Booth) やラウントリー (S. Rowntree) の社会調査によって「貧困の発見」が行われた．ロンドン市民を対象としたブースの調査でも，ヨーク市民を対象としたラウントリーの調査でも約3割が貧困状態にあるという結果だった．またラウントリーの調査は，肉体的再生産を維持するための最小限度にも足りない生活水準を「第一次貧困線」として表わすことによって，労働者の一生で，「比較的余裕のある生活」→「貧困」(年少期)→「比較的余裕のある生活」→「貧困」(子育期)→「比較的余裕のある生活」→「貧困」(老齢期) と，それぞれの時期において貧困線を上下する傾向を示した．ラウントリーのライフサイクル論は，児童の養育，多子，退職，老化などの社会的なリスクを予測し，社会保障制度 (とりわけ社会保険による所得保障) の仕組みへとつながった．

こうして労働問題・貧困問題は，個人的な事情による個人的な問題ではなく，社会的原因から問題が発生するものとして広く認識されるとともに，社会体制・秩序の危機であり放置できない社会問題として把握されるようになり，社

ナショナルミニマム論

ナショナルミニマムとは，「国家が各種の法律，施策などによって国民に保障するべき最低限の生活水準（これは絶対的な基準ではなく，国家の発展段階や社会状況によって規定される）のことをあらわす概念で，ウェッブ夫妻 (Webb, S. J. & Webb, B. P.) によって20世紀の初めに提唱され体系化された」ものであり，「彼らの唱えたナショナルミニマム論の範囲は最低賃金を含む雇用条件のみではなく，余暇，健康，教育などの広範囲に及ぶもの」であった（成清・加納編『現代社会福祉用語の基礎知識（第8版）』学文社，2008年）．今日，ワーキングプアや生活保護基準以下の賃金で生活する人びとの存在が社会問題としてクローズアップされる中で，ナショナルミニマムのあり方は，社会保障全体のあり方にかかわる重大な問題である．

会体制,経済体制の維持のためにも社会的に解決せざるを得なくなったのである.歴史的には,先進国において,工場法の成立,各種社会保険による給付など労働者保護政策を通して,その範囲,水準が必ずしも十分とはいえないにしても,社会問題を解決・緩和・予防しようとする制度が確立していった.

その後,資本制社会が高度に発達した現代においては,これらの労働問題・貧困問題に加え,都市問題,農村問題,地域問題,家族問題,差別問題,消費者問題,環境問題,交通問題,介護問題などの社会問題が発生してきた.

§2 社会福祉の対象としての生活問題

社会問題化の歴史は,社会が特定の状況を「容認できない状態」として問題化することで,社会(主として国家)にその対応を迫ってきたことを物語っている.社会問題としての「容認できない状態」は,時に個人や家族の生活に直接降りかかったり,時に生活の外部にあるものとして他人事として認識されるだろう.なぜなら,生活は,社会・集団・他者から独立し,一定の閉鎖性の中で私的に営まれているものであり,「自助」「自立」が社会の原則となることで成り立つからである.これが近代社会で生活を営むことの特質のひとつであり,社会・集団・他者からの干渉を受けず「自分の生活を自分で守る」という意味で自由権につながるものである.実際に個人や家族は,生活の中で,私的に生活上の問題を引き起こさないように抵抗や工夫をする.所得が減少したり出費が重なる時期が続けば全体的な生活費の切り詰めをするし,時には人並みの生活を維持するために衣服費,教育費など文化的な支出を維持して飲食費だけを減らすこともあったりと,社会の中での生活者として必要な行動をする.このような生活の場での抵抗や工夫でも乗り切れない場合に,「生活に困る」「暮らしていくのが辛い」と考え込み,立ちすくんでしまう状況が現われ始める.つまり,生存の危機,生活の困難さ,生活への不安などの生活問題の芽は誰でももっており,問題とならないのは,それを乗り越えているからに過ぎないのである.

このように「自分の生活を守る」ためには、「自分の生活を自分で守る」自由権的側面と、社会が特定の状況を「容認できない状態」として問題化し対応する「自分の生活を社会が守る」社会権的側面の両面がある。この両面での個人や家族の生活防衛がうまくいかない時に、他の人に降りかかる問題とは違うものとして、生活問題は個人的事情や社会的条件に応じて個別的に現われる。その時、ある特定の生活状況を社会が容認できない状態として判断すれば、個別の事情に応じて、人的なかかわりやサービスとして、社会的に社会福祉援助は行われることになる。つまり、生活問題の社会問題化を背景に、「自分の生活を社会が守る」社会権的側面の防御壁をより高くすることによって、「自分の生活を自分で守る」自由権的側面を支えるという関係にある。

日本の社会福祉研究は、1960年代頃から、社会福祉の対象として、生活問題を意識的に位置づけてきた経緯がある。一番ヶ瀬康子は、生活問題を「生命の存在がおびやかされるような状態のみならず、健康で文化的な人間らしい生活が阻害されるような状況が広がり、それが、社会的に認識され、運動化がなされる状況」「社会問題の一種であり、その根幹をなすもの」と定義した[2]。また、岩田正美は、「ある生活困難の『状態』を個々の生活の場でとらえる視点と、さらにそれを社会構造の中においてとらえる視点の両者をもつところに、生活問題という把握方法の意味があ」るという[3]。岩田はこの2つの視点を「前提としての生活問題理解」といい、実際の社会福祉制度が対象とする「政策対象としての生活問題」と区別する。まずは社会福祉制度から自由になって生活問題を生活レベルおよび社会レベルで把握すべきであること、他方でこの区別は、政策立案者や社会福祉援助者にとって、制度による選別・排除の問題に自覚的であることを促しているといえる。

生存の危機、生活の困難さ、生活への不安などを含むある特定の生活状況は、個人や家族に生活レベルで個別に現われる。だが、社会福祉は、そのような状況を単に個人や家族の個別性に還元せず、生活問題として社会問題化することによって、広く社会福祉の対象としてきた。同時に、社会福祉は、生活問題を他の

社会問題との因果関係としても追究し，社会構造との関係性の中で対象とすることを志向した．そこに，社会福祉による生活問題把握の特徴があるといえる．

§3 複雑化する現代の生活問題

1990年代以降の日本社会では，大量失業，労働者の非正規化，働く貧困層（ワーキングプア）などの社会問題が現われ，生活問題を引き起こし，既存の政策枠組みでは対応に限界があることが露わになった．他方で，家族関係の崩壊，社会関係・人間関係からの排除など，低所得，階層性とは一定切り離して考えるべき問題群がある．アルコール依存，薬物依存，ギャンブル依存，引きこもり，児童虐待，ドメスティック・バイオレンスは，その例といえる．

現代の日本社会では，雇用，家族，学校などの社会システムが不安定化しており，何らかのきっかけで，社会問題が個人や家族に重く覆いかぶさり，生活問題に対する生活内部での抵抗や工夫のブレーキが利かず，一気に生活困難として現われている．その意味では，自助・自立を個人や家族に求めれば求めるほど，生活問題が発生するリスクが高まる状況に置かれているのである．

こうした中，2000年12月，「社会的な援護を要する人々に対する社会福祉のあり方に関する検討会」は，「近年，社会福祉の制度が充実してきたにもかかわらず，社会や社会福祉の手が社会的援護を要する人々に届いていない事例が散見される」という現状認識を示した．「制度論からではなく，実態論からのアプローチ」によって「現在生起している課題の実態を踏まえ，個別具体的な解決の方法を考え，それらを総合化していくという検討方法」で行われた．いわば社会福祉が対象を見失いつつあることを反省し，社会問題が及ぼす実態に立ち戻って検討している．そこで描かれた見取り図が図Ⅱ-1「現代社会の社会福祉の諸問題」である．

社会福祉の対象は，貧困に加え，「心身の障害・不安」（社会的ストレス問題，アルコール依存，等），「社会的排除や摩擦」（路上死，中国残留孤児，外国人の排除や摩擦，等），「社会的孤立や孤独」（孤独死，自殺，家庭内の虐待・暴力，等）と

図Ⅱ-1 現代社会の社会福祉の諸問題

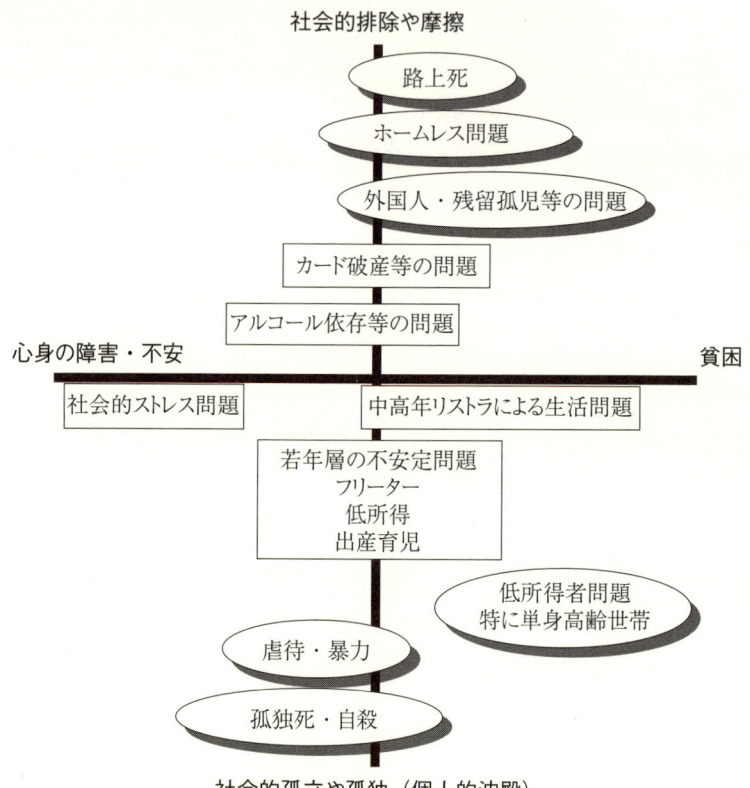

備考）1. 横軸は貧困と，心身の障害・不安に基づく問題を示すが，縦軸はこれを現代社会との関連でみた問題性を示したもの．
2. 各問題は，相互に関連しあっている．
3. 社会的排除や孤立の強いものほど制度からも漏れやすく，福祉的支援が緊急に必要．

出所）厚生労働省「社会的な援護を要する人々に対する社会福祉のあり方に関する検討会」報告書，2000年

いった諸問題の重複・複合化としてとらえるべきとしており，こうした新しい座標軸をあわせて検討する必要があるとした．その上で，「新たな福祉課題への対応の理念」として，「今日的な『つながり』の再構築」を目指すことを提

言したのであった.

　「検討会」による社会福祉の対象のとらえ直しは，生活問題の背景に，経済環境の急速な変化，家族の縮小，都市環境の変化，価値観のゆらぎ，といった近年の社会経済環境の大きな変化があることを指摘していた．社会福祉の対象にかかわる議論は本来，社会問題の原因となる社会変動とその結果を視野に入れることによって，生活問題の原因を根本から考え直し，社会にとって未知の生活問題をも対象化し，社会福祉援助につなげる志向性が含まれていた．生活問題を，生活のあるべき状態が満たされていない「福祉ニーズ」としてとらえ，福祉サービスにつなげていく方法も社会福祉援助にとって有効であろう．だが，分野・領域に細分化していく傾向があり，複雑化した現代の生活問題を包括的にとらえるには限界がある．「社会福祉の対象は何か」をとらえるためには，既存の社会福祉制度や社会資源とは一端切り離して，多様化し複雑化した社会問題とともに生活レベルで考える必要性を示唆している．そこから，社会福祉制度や社会福祉援助の具体的な対象として，ある特定の生活状況が，社会的に解決すべき問題なのか，既存の制度で対応できる問題なのか，制度が対応していない未知の問題なのか再度検討することが求められているのである．

2．社会福祉援助の基礎的対象としての家族

§1　援助対象としての家族

　近年，わが国は社会的，文化的にも急激な変化をとげており，このことは家族にも少なからず影響を与えている．核家族化から離婚や高齢にともなう単身化など家族単位の小規模化，あるいは再婚によるステップ・ファミリーや事実婚による共同生活など，家族とその生活は多様化している．そして児童虐待，高齢者虐待，家庭内暴力（DV），ひきこもりなどは，現代における家族の問題としてあげられる．これらの問題への対応として社会福祉の援助が行われる．問題解決に向けては家族メンバー一人ひとりへの個別的な援助ではなく，家族

全体を対象とした援助が行われる．それは単身者であっても生態的には家族と無関係に生活しているのではなく，何らかの形で家族とのつながりをもっている．

また社会福祉援助の対象としての家族は，児童や高齢者といった個別の援助課題の集積ではなく，全体としてのまとまりが対象なのであり，家族内の多様なつながりを考慮した援助が求められる．

§2 家族とは

1) 変容する家族

家族とは，『社会学小辞典』(濱嶋ほか編，2005) によれば夫婦関係を基礎にして，そこから親子関係や兄弟姉妹の関係を派生させるかたち成立してくる親族関係の小集団と定義される．

家族集団がそのメンバーや社会に対して与える作用を家族機能というが，マードックは，一組の夫婦と未婚の子どもからなる家族を核家族とよび，人びとの社会生活を成立させるための4つの基本的な機能(性的機能，経済的機能，生殖的機能，教育機能)を保持していくための最小単位としてとらえている．これらの機能をもった社会集団は，核家族，拡大家族，父子家族，母子家族，事実婚の家族など多様な家族の形態として社会に存在している．そして，どの家族も基本的な機能が社会の他の組織や集団に委譲されて外部化され，縮小化する傾向にある．

2) 世代継承としての家族

個人の人生を考えると通常その生涯で2つの家族をもつことになる．すなわち，自分が子どもとして生まれ育てられた家族(定位家族)と自分が親として子どもを生み育てる家族(生殖家族)である．

定位家族は子どもからみた核家族のことで，子どもはこの家族の中で父母から養育を受け，この家族の中で発達・成長する．子どもにとって，家族は，初

めて出会う社会であるという点で子どもの人生に大きな影響を与える．

生殖家族は，親からみた家族のことである．子どもが成長すると定位家族から独立して結婚し生殖家族を形成して子どもを生み育てる．このときに，家族を形成する過程でモデルとするのは，定位家族での子ども時代から継承してきた生活文化である．

§3 家族を援助する視点
1) 集団としての家族

従来の社会福祉は，子どもや高齢者，障害者などを対象に家族から切り離した個人として援助を行ってきた．しかし，援助の対象者が抱える生活上の諸問題を環境との相互作用の結果として生み出されるものと考えるならば，家族メンバー全員の福祉を支援することは，クライエント本人の安定した生活環境を用意することにつながる．

家族を集団としてとらえるなら，① 家族は，メンバー一人ひとり異なっており，② 家族メンバーは一人ひとりが成長するし，家族としても成長する，そして③ 家族が集団として生活の保持および人間性の回復が期待される．

このように，社会福祉問題の多くは家族という小集団内の関係性を視野に入れて，家族メンバーそれぞれの福祉を踏まえた社会福祉の援助が求められている．

2) 家族周期としての家族

家族周期は，人間の生活周期を家族にあてはめた考え方で，個人の集合体である家族の生活を一個の生活体として理解する．家族周期では，一個の生活体としてとらえる家族集団には生と死があり，家族は一生にわたって発達的，段階的推移をたどると考える．この間，家族内のメンバーそれぞれの関係や役割は家族の時間的な経過とともに変化をしていくのである．

しかし，現代社会の家族では，必ずしも家族周期のような規則的な推移があ

るとはいえなくなっている．すなわち晩婚化や未婚化，少子化や高齢化，さらに離婚による家族の分裂や再婚，事実婚などさまざまな形の家族も出現しているからである．

3) システムとしての家族

　家族システムとは，システム理論に基づいて，単に家族を数人の人間の集合体ではなく，メンバーが相互に作用し合って統一された全体を構成する有機体と考える．有機体である家族は，一個の生活体として理解され，常に平衡を維持しつつ発展している．このように，家族をシステムとしてとらえた場合の特徴として，平木は，以下の4つをあげている[4]．

① 家族とは，メンバーの単なる集まりではなく，それらの人びとがつくる関係やパターンをもったまとまりであり，個々人を部分として取り出して理解しようとしても不十分である．

② 家族システムは変化しながら平衡状態を保っているので，家族の言動はそこに呼応している．つまり個人の変化は全体の変化を，また逆に全体の変化は個人の変化をもたらしている．

③ 家族内の動きは，円環的・循環的作用の構造をしているので，一方的な因果関係で直線的に原因－結果をつなげて理解することはできない．

④ 家族には，変化しながら一定のバランスを維持するために，明瞭なもの，無意識なものを含めてルールが存在する．

　このように家族をシステムとしてとらえ，メンバーは相互に関連的なので，その一部の変化が家族全体の変化を引き起こすと考える．また，全体システムとして家族をとらえるならば，その内部に家族メンバー相互のサブシステムを有する．サブシステムには，夫婦，親子，きょうだいなどの人間関係だけではなく，世代，性，機能なども含まれる．このようなサブシステムの相互作用によって，家族という生活体のあり様が決定される．

4) 多様な家族のあり方

　家族によってメンバー一人ひとり異なっているが，家族は個人と家族メンバーとのシステムのつながりによって生活し，そのつながりごとに役割を演じており，個人と家族は切り離すことができない．なぜならばこの関係は，人生のいろいろな事柄を経験して成り立っているからで，生態系（システム）として機能しているので，個人はシステムの要求する役割を演じているとも考えられる．つまり家族メンバーである個人は，他者である家族メンバーに対して役割を果たすことを期待する．

　現代家族の特徴として，家族の個人化があり，それを強調する状況として「父親不在」，「ホテル家族」などと語られ，集団としての家族という側面を希薄化させている．家族メンバーそれぞれの個人化は，家族メンバー各人の意識の差を生みだし，役割葛藤としてあらわれる．このように家族の個人化は，家族メンバーの私事の自由が拡大するのに応じて家族の凝集性は低下し，家族システムの機能不全をもたらすともいえる．

　家族の個人化は，晩婚化や未婚化，さらに離婚による家族の分裂や再婚，事実婚などさまざまな形の家族形態として出現している．これは，家族という生活体が個人化しているともいえるのではないだろうか．家族メンバーは，個人の存在感を実感できるような情緒的なつながりを満たしうる場を求めて家族形成の選択や分裂，再統合もしくは再形成をしているのである．援助者には，このような個々人の意識の相違を表す多様な家族のあり方を理解した援助が求められる．

§4　家族援助におけるアセスメント

　アセスメントをする際には，家族がどのような特徴をもっているのか理解する必要がある．なぜならば先にみたとおり，家族という小集団の中の問題は，メンバーのひとりが個別的につくりだすのではなく，家族というシステムのメンバーの関係からつくりだされているからである．その際に援助者は，クライ

エントか家族かというどちらか一方の援助をするのではなく，クライエントと家族が解決方法を見つけだしていくのを促進する役割を担っている．

　家族の中で何が起こっているかを理解する視点として，ここでは高齢者家族のアセスメントについて，渡部の整理した項目を，以下に要約してあげる[5]．

①この家族は，何の問題を抱えているか

　家族にとって何が問題かを考え，その問題を家族がどのように考えているか．直面している問題以外に問題を抱えていないか，そしてその家族にとっていま直面している事態がどれほどの問題であるかを見極めること．

②家族のあいだには，どのような規則があるか

　家族には明文化されていないが規則があり，家族という集団が円滑に生活するために必要な「機能的」なものと，そうではない「非機能的」なものとがある．「非機能的」なものには，規則そのものが「非機能的」なものと，「融通性」がないために「非機能的」になるものがある．規則を違反したときに，どのように処理されるか理解しておく．

③家族システムと外界とのかかわり

　家族が外界のシステムと交流をもっているか，あるいはあまり交流をもたずにいるのか．そのあり方によって家族が「開放システム」か「閉鎖システム」なのかを理解することは，家族の介護能力や問題解決能力を把握する．

④家庭内の境界とサブシステム

　家族内関係を観察し，関係の強い家族メンバー（たとえば，父親と娘，母親と息子など）のグループをサブシステムとして理解する．

⑤家族パワー保持者

　家族のなかのパワーの構造を理解すること．パワーの分散とバランス，パワーのシフト，目にみえないパワーの保持者を理解する．

　アセスメントでは，このような項目を理解してクライエントの言葉を吟味する必要がある．援助者が意図していなくても，援助が開始されれば家族システムに影響を与える．援助者がその果たす役割によってクライエントの家族シス

テムに及ぼす影響を理解していれば，より客観的に自分を位置づけて援助することができる．問題を解決する力は家族のなかにあるのであり，援助者は問題を抱えるクライエントとその家族に指導・助言をするコンサルタント的な役割であるといえる．

3. 社会福祉援助の目標としての生活再建

本節では，生活の立て直しを支援することが社会福祉援助にとって重要である理由を，① 生活が問題化するプロセス，② 生活再建支援をとらえる視点，③ 目標概念，の3点から考察し，生活問題のありようと生活再建支援の位置づけについて明らかにしていく．

§1 生活が問題化するプロセス

生活問題とは，社会問題の一種でありその根底をなすもの，生命の存在がおびやかされる，健康で文化的な生活が阻害されるような状況が社会的に認知されたもの，人間らしい生存の維持や生活の再生産に障害や困難が生じている状態，と考えられている．

1) 社会問題としての生活問題

社会問題として認知される生活問題には，一定数以上が同じ時期・時代に発生するために顕在化する問題があり，天災による被害，公害，バブル時代の地上げによる被害，サラ金被害，訪問販売の被害やそれに関連した多重債務の問題などがあげられる．これらは，進行する生活問題を顕在化させるひとつの契機であり，その背景には，低所得・貧困問題や都市問題，環境問題，雇用問題，消費者保護の問題など等々な分野の問題が存在している．

2) 個人的問題としての生活問題

また，生活問題には，アルコールなどの薬物依存や虐待，引きこもりや不登校，ドメスティック・バイオレンス，うつ病などによる長期休職や失職，ニートといった，社会的な注目を集めるか否かにかかわらず存在していたと考えられるものがある．このような問題は，主に個人やその家族で解決すべき問題として考えられてきたために，社会がそれへの対策を講じることは少なかった．

3) 援助制度の空白地帯

一方で，個人的問題として考えられていた生活問題の中には，その量の拡大にともない社会的な対策に組み入れられていったものもある．たとえば，ホームレスへの時限的支援法の成立や，ドメスティック・バイオレンスへの公的対応，虐待防止への取り組み，ニート支援などがそれにあたる．

しかしながら，援助制度の不備という社会的な原因から生じている問題は依然として存在しており，特に複雑な問題が絡み合って生じている生活問題には，現行の制度の適用だけでは解決がむずかしい場合も多いと考えられる．福祉の現場で職員に困難感をもたらすことが多い，いわゆる処遇困難ケースはまさにその例であるといえよう．処遇困難ケースについて窪田は[6]，アメリカのセント・ポール調査における多問題家族と同じ問題が，1970年代の日本においても多少異なった形ではあるが同じ内容で出現し，1980年代に入っては地域ケアの中でも顕在化してきていることを指摘し，高齢者，身体障害者，アルコール依存症者といった対象の特徴別での援助ではなく，「多重問題」ケースとしてまとめてみていくことが必要であると指摘している．

現代の生活問題は，第2次世界大戦後60年間の社会や家族，地域の変化といった複合的影響の下に現れているものであり，生活の建て直しを支援するという観点からの制度の再編と新たなサービスやプログラムの開発が必要とされているのである．

§2　生活再建支援の視点

　前述のように，生活再建支援を考える際には，現行の制度では対応が困難な状態，すなわち，社会的な問題と個人的な問題との両方が重なり合って生活問題を作り出しているような領域が拡大しつつあることに目を向けることが必要である．生活崩壊に至った人びとへの支援と生活崩壊が進行する前に支えるための方策とを根本的に建て直すためには，生活がどのような要素で構成されているのかについての検討を行うことが不可欠であると考えられる．すなわち，現在の生活のどの側面を支えるのかという生活再建支援の「一般的な側面」と，それまでの個人の生活の仕方というものをどう考えるかという「個人的な側面」との関係を考察し，生活の全体像と不足している資源とを把握することが重要となるのである．

1）一般的な側面

　生活上の困難を抱えたすべての人びとに共通の課題としては，職業（収入），住居，健康（メンタルヘルスを含む），公的・私的ネットワークをどのように確保・維持・回復していくかという問題があげられる．職業（収入），住居，健康といった要素が生活再建にとって重要なことはいうまでもないが，公的・私的ネットワークは，再建途中の生活の精神的支えとしてとても大きな意味をもつ．かつて「阪神・淡路大震災『西宮仮設住宅』生活調査」を実施（1997年）した際，震災から1年半が経過しても仮設住宅から転出できる見通しがないにもかかわらず，生きがいを見出せるようなネットワークをもちそれを支えとして，ストレスが少なく日々を前向きに生きている（自宅の復興度評価が高い）ケースがある一方で，自宅の再建ができた（もしくはできる見通しがある）にもかかわらず，ストレスが高く自宅の復興に関する評価が低いケースが見出された．そこから，人とのつながりの意義とその維持・回復に向けた援助の重要性が明らかになったのである．

2) 個人的な側面

個人的な側面とは，それまでの生活の中で，どのような「自己」を作り上げてきたかという個人の人格形成にかかわる要素のことである．これは今まで，個別性あるいは特殊性という言葉で表現され，社会福祉援助の領域ではアプローチしにくいものと考えられてきた．しかしながら，生活が問題化するプロセスを踏まえて，それを建て直すという文脈においてとらえ直した場合には，そこに一定の構造を見出すことができる．

たとえば，上記の阪神・淡路大震災の被災者調査の際に出会った人びとの中には，ギャンブル依存症で，生活保護を受給している60歳代の男性が，仮設住宅の夜警をすることに生きがいを見出し，夜警活動に差し障るからという理由でギャンブルそのものを止めたという例があった．また，生活保護を受けながら借金を返済するという生活リズムを維持することに生きがいを見出していた60歳代の男性は，体を壊しそのリズムが保てなくなったために，もうどうしようもない，生活にハリがなくなった，死にたいと漏らしていた．共に生活保護を受給しており年代も同じ男性でありながら対照的な「生活への意欲」をみせており，その人自身の求める生活のハリ・生きがいといったものに働きかけることがどれほど意味のあることなのかを考えさせられた．このような生きがいのあり方は，その人のそれまでの生活の中から作り出されるものであり，生活再建支援において，「生活の意欲」や「生活のイメージ」のもち方に働きかけていく重要性を示唆するものといえる．

3) 時間的要素

また，生活再建支援においては，時間要素を検討することも必要となる．それはすなわち，生活の危機や崩壊の到来により，新しい生活への適応と生活の再建とをなさねばならなくなった人びとにとって，以前の生活がその後の生活にどれくらいの期間影響を与えるのかということを意味する．この点について中鉢[7]は，過去の構造の一定部分が適応の枠組みとして作用しつつ新たな所得の

状態の下に家計を安定させてゆく傾向が認められるのではないかと述べ，そのような現象を，After Effect（履歴現象）と名づけ，以前の生活が影響を及ぼしている期間を「履歴期間」とよんでいる．

つまり，生活の危機が訪れる以前の生活が安定していた人びと（「個人的な生活問題」がなかった人）にとっては，生活崩壊の後も以前の生活の枠組みに基づく生活感覚がしばらく続くため，その感覚が失われないうちに（個人的な生活問題が生じないうちに）生活の建て直しを図らねばならないということであり，逆に，それまでの生活が不安定だった人びと（「個人的な生活問題」を有していた人）にとっては，職業・住居・健康といった生活条件が整った後も以前の生活スタイルを引きずるということなのである．

社会福祉援助の現場では，後者の例はしばしば目にするものである．たとえば，ホームレスの男性をアパートで居宅保護したところ，結局，また路上に戻ってしまい，担当のケースワーカーを落胆させるといったことがままみられている．当事者側にすれば，急に一人ぼっちになったのが寂しい，回覧板の存在やゴミ出しの仕方が分からなくて不安，ガスでの調理が怖いなど，今までしていなかった生活に馴染めなかった理由がいろいろと存在しているのである．いずれにせよ，今までしていなかったことを身につけるにはある程度の期間を要し，急激な生活の変化は，すぐにはその人の生活の中には取りいれられないのだということを認識して援助にあたらねばならないことは明らかである．

§3 生活再建支援の目標
1) 主体的な生活者としての個人の維持・確立

生活再建のプロセスおよびその支援において，しばしば大きな困難をともなう貧困層（生活保護受給層）に関する研究においては，何をもって自立というのかということが長い間検討課題となってきた．生活保護の廃止をもって自立と見なすという行政側の風潮に対して，尾藤は，「本来の意味の『自立』とは，主体としていきることを意味するのであり，『自立助長』とは，国民が，権利

の客体としてではなく，権利の主体（主人公）として，生き抜くための社会的経済的精神的な諸条件を行政において整備し，国民の主体的な生存の実現を援助する事を意味する」．という考えを提示している．つまり，生活の建て直しにあたっては，「主体的に生活していく個人」の実現に向けての援助が重要だということを意味するものといえる．

　人生を主体的に生きることができる力は，生活意欲のありようと生活イメージのもち方から湧き出てくるものと考えられ，生活意欲や生活イメージは，その個人が今までしてきた生活から形づくられる．

　たとえば，どのような時に自分が周囲から受け入れられていると感じるかという自尊感情のもち方，どのような自分でありたいと思うかという自己認識のあり方，個人のストレス発散の方法や家族の中での人間関係の調整の仕方，職業スキルを含めた生活技術習得の状態，自身の生活上に生じている問題をどう認識しているかという生活問題の認識の仕方，そしてそれへの対処スタイルといったものが，意欲やイメージを生み出す源となっている．

　当然のことながら，個人的な生活問題を抱えた人びとは，たとえば，生じている生活問題の解決には役立たない対処法を何度も用いて失敗するなど，上記の諸点のどこかに歪みや不適合を有している場合が多いため，その認知・認識の変革を含めて時間をかけた働きかけをしていくことが必要となる．

2）アイデンティティの維持・（再）構築

　生活再建の援助にあたる際に重要な視点のもうひとつは，「その人がその人であり続けている」ということである．これは，① 統合された自己の感覚，② 心理的安定，③ 将来の見通しと結びついた現状および課題の認識がなされている状態，とから成っていると考えられる．つまり人は，生活上の諸問題に出会っても，自らの経験を統合し意味付けして，自分なりの整合性を見つけ出していこうとする生き物であり，この点についてカウフマン（S. Kaufman）[9]は，高齢者たちは老年期に自分自身でありつづけることに意味を見出しているこ

と,「自己」とは体験を解釈する主体であること,人は自分の人生を語りながら〈テーマ〉を創り出していくこと,年齢を超越したアイデンティティにとっての要はテーマの連続性にあること,を指摘している.この〈テーマ〉とは,個人が人生における意味を体験し伝達する固有の方法であり,個人が自己に内的な一貫性と構造をもたせるために体験をどう解釈するかという体験の新たな公式化であり,アイデンティティを形成するための構成要素であると述べられている.

整理すると,生活の危機・崩壊に陥った人びとの再建支援に必要なものは,「自分の体験を解釈しなおすことによって,古い価値に現在の状況に適合する新たな意味を持たせることができる」という面からの働きかけであり,そのような体験の再解釈が可能であるという視点と,体験の再解釈を通して個々人は自分の過去に一貫性を与えると同時に,目的をもった統合的な現在を創り出すのだという視点をもつことであるといえよう.

生活再建支援の目標は,個々人の有している生活問題の種類にかかわらずそれぞれが過去の体験を再解釈し,自分が自分であるということを取り戻し,主体的生活者としての自己を構築・維持・強化していくことである.すでに述べたような一般的側面の充実と個人的側面に働きかけるプログラムを開発することは,目標達成のための方法として位置づけられ,さらなる拡充が望まれる.

注)
1) F. エンゲルス著,一條和生・杉山忠平訳『イギリスにおける労働者階級の状態(上)—19世紀のロンドンとマンチェスター—』岩波書店,1990年,p. 190
2) 一番ヶ瀬康子「生活問題」京極高宣監修『現代福祉学レキシコン』雄山閣出版,1993年,p. 52
3) 岩田正美「現代の生活問題と社会福祉政策」一番ヶ瀬康子編『21世紀社会福祉学』有斐閣,1995年,p. 31
4) 平木典子『家族との心理臨床—初心者のために』垣内出版,2001年,pp. 78〜79
5) 渡部律子『高齢者援助における面接場面の理論と実際』医歯薬出版,1999年

pp. 89～93
6) 窪田暁子「多重問題ケースへの社会福祉援助」『東洋大学社会学部紀要』第30-1, 東洋大学社会学部, 1993年
7) 中鉢正美『生活構造論』好学社, 1956年
8) 尾藤廣喜「生活保護の原点を問いなおす」『誰も書かなかった生活保護法』法律文化社, 1991年, pp. 12～13
9) カウフマン著, 幾島幸子訳『エイジレス・セルフ──老いの自己発見』筑摩書房, 1986年

参考文献
岩田正美「生活の評価と生活問題」松村祥子・岩田正美・宮本みち子『現代生活論』有斐閣, 1988年
江口英一編著『改訂新版 生活分析から福祉へ──社会福祉の生活理論─』光生館, 1998年
濱嶋朗・竹内郁郎・石川晃弘編『社会学小辞典 新版増補版』有斐閣, 2005年
L. カプラン・J. ジラルド／奥田啓子・鈴木孝子・伊藤冨士江訳『ソーシャルワーク実践における家族エンパワメント』中央法規, 2001年
野々山久也編著『家族福祉の視点』ミネルヴァ書房, 1992年
V. D. フォーリー／藤縄昭・新宮一成・福山和女訳『家族療法』創元社, 1993年
平山尚ほか『社会福祉実践の新潮流』ミネルヴァ書房, 1998年

Ⅲ　ソーシャルワークの理論と歴史

1．ソーシャルワーク理論の歴史的発展

　ソーシャルワーク理論が誕生してから約100年の間に多彩な理論が生み出されてきた．ここでは，アメリカのソーシャルワーク理論に焦点を当て，その歴史的発展を4つの時期に分類し，ソーシャルワーク理論の歩みを辿っていく．第1期はソーシャルワーク理論が誕生した時期（1910年代），第2期はソーシャルワーク理論に2つの学派が登場し，後に両学派を折衷する試みがなされた時期（1920～50年代），第3期はソーシャルワーク理論の多様化と統合化が進んだ時期（1960～80年代），第4期はソーシャルワーク理論が新たに展開した時期（1990年以降）である．

§1　ソーシャルワーク理論の誕生
　ソーシャルワーク理論が誕生したのは，今から90年前の1917年に遡る．この年，「ケースワークの母」とよばれるリッチモンド（M. Richmond）が，『社会診断』（*Social Diagnosis*）を発表した．本書は，法学，医学，心理学，社会学などの多様な知見を取り入れながら，リッチモンドが長年にわたって慈善組織協会（Charity Organization Society）で積み重ねてきた事例が理論的・実践的に

分析されており,「社会的証拠の収集」→「比較・推論」→「社会的診断」というケースワークの過程が提示されている.その後,『社会診断』を発展させた著書として,1922年に『ソーシャル・ケース・ワークとは何か』(*What is Social Case Work?*)が公刊された.タイトルに示されているように,本書は,まさにソーシャル・ケース・ワークの本質を明らかにしようとしたものであり,初めてソーシャル・ケース・ワークの定義が,「ソーシャル・ケース・ワークは,人とその社会環境との間を個別的・意識的に調整することを通してパーソナリティの発達を図る過程から成り立っている」[1]と示された.

当時,アメリカでは貧困問題を主とする社会問題の解決に,ソーシャルワークが貢献していないという批判が相次いでなされていた.また,『社会診断』が出版される2年前の1915年に,フレックスナー(A. Flexner)が全米慈善・感化会議の「ソーシャルワークは専門職か」という報告のなかで,「ソーシャルワーカーはいまだ専門職ではない」と発言し[2],この発言が「フレックスナー症候群」とよばれるほど反響し,ソーシャルワーク独自の理論や技術の確立が求められた.このような動向のなか,リッチモンドが公刊した『社会診断』と『ソーシャル・ケース・ワークとは何か』は,ソーシャルワークの理論化を試みようとした名著として,ソーシャルワーク界に旋風を巻き起こした.

§2 2つの学派の登場

アメリカでは,第1次世界大戦によりノイローゼや神経症に苦しむ人が急激に増加した.そのケアにあたっていた精神科医が注目したのが,フロイド(S. Freud)によるパーソナリティ理論である.この理論は,ソーシャルワークにも波及し,それまで個人のパーソナリティの発達(心理的側面)と社会改良の達成(社会的側面)の両輪を目指していたソーシャルワークは一気に心理的側面に傾斜し,「心理学的時代」へと突入していった[3].ソーシャルワーカーは,実践を支える理論として精神分析学に依拠し,クライエントのパーソナリティを把握する方法として精神分析学の理論や知識を積極的に活用するようになった.

こうしたなか出現したのが，診断学派と機能学派である．両学派は，ともに精神分析学をよりどころとしながらも，影響をうけた理論の違い，クライエントとのかかわり方の違い，援助の目的の違いなどから以下のように異なる路線を歩み対立した．

診断学派は，リッチモンドの系統を引き継ぎ，ハミルトン（G. Hamilton），トール（C. Towle），ホリス（F. Hollis）が中心となって発展した学派である．「診断」という言葉にあらわれているように，この学派は，ソーシャルワーカーがクライエントを診断して治療するという医学的なスタンスに立っていることから，医学モデルの学派として知られている．フロイド理論から多大な影響をうけ，① クライエントの過去に着目し，成育歴や生活歴を分析する，② そこからクライエントのパーソナリティの構造や自我の働きを解明する，③ クライエントの自我を強化し，社会環境に対するクライエントのパーソナリティの適応力を強めることなどに力を注いだ．

こうした診断学派に対するアンチテーゼとして出現したのが，機能学派である．この学派は，ランク（O. Rank）の意思療法の影響をうけ，ペンシルバニア大学のタフト（J. Taft）とロビンソン（V. Robinson）を中心とする研究グループによって生成され，その後，プレイ（K. L. M. Pray）やスモーリー（R. E. Smalley）らによって継承され発展した．機能学派がランクからうけた主な影響は，① クライエントの意思を尊重する，② クライエントを主体者としてとらえる，③ クライエントの現在の経験を重視する，④ 時間を重視することであった．これらランクからうけた影響に加え，機能学派が着目したのは，ソーシャルワーカーが所属する機関の機能である．タフトらは，ソーシャルワークが機関という一定の枠内で行われること，そしてその枠内でクライエントが自身の力で自我を発揮し，機関の機能を最大限に活用するよう側面的に援助することがソーシャルワーカーの役割であると強調した．

2つの学派の論争は長期にわたって続いたが，1950年代に入り，診断学派の立場に立ちつつ機能主義を積極的に取り入れたパールマン（H. H. Perlman）と，

機能学派の立場に立ちつつ両学派を統合して力動論を主張したアプテカー（H. H. Aptekar）によって，徐々に両学派を折衷・統合する試みがなされていった．

§3　ソーシャルワーク理論の統合化と多様化

1960年代に入り，都市問題，人種問題，女性問題，貧困問題などの社会問題が噴出し，社会改良が求められるなか，クライエント個人とのかかわりに終始し，社会に目を向けてこなかったソーシャルワークに対して厳しい非難が集中した．こうしたなか，ソーシャルワークが見直され，ソーシャルワークの方法を統合するという新たな動きが展開した．統合化の背景には，当時，ソーシャルワーク内部において方法の専門分化が進んでいたこと，対象が個人か社会かという二元論に対する反省，分野ごとに専門分化が進んでいたことが大きく関係している．

それまでソーシャルワーカーは，クライエント個人にはケースワーク，グループにはグループワーク，地域にはコミュニティワークというように対象者別に方法を使い分けていた．しかし実際には，対象者別に独自の方法があるわけではないことが認識され，ソーシャルワークにはすべてに通じる方法があることが改めて強調されたのである．また，それまでソーシャルワークは，好景気の時や精神的なケアを求める人が多い時には心理面に傾倒して個人のパーソナリティの発達を目指し，不景気の時や社会問題が浮上した時には社会面に傾倒して社会改良の達成を目指す傾向があり，両者の間で絶えず触れ動いていた．こうした中，どちらか一方に目を向けて二者択一するのではなく，個人と環境との交互作用に注目し，クライエントの置かれている状況を統合的に見据える視点が求められるようになったのである．さらに，アメリカでは社会問題が多様化する中，さまざまな分野でソーシャルワーク実践が行われるようになり，医療ソーシャルワーク，精神医学ソーシャルワーク，スクールソーシャルワークというように，分野ごとにソーシャルワークの専門分化が進んでいた．それにともない，それぞれの分野でスペシャリストとして活動するソーシャル

ワーカーが急増し，分野ごとに専門的な方法論や知識を習得することが求められたのである．専門性をもち合わせた質の高いソーシャルワーカーが登場したことは意義深いことであったが，ソーシャルワーク内部では乖離が起こり始め，すべての分野に通じるソーシャルワークの共通基盤を確立する必要性が叫ばれた．

　このようにソーシャルワークの統合化が進む中で登場したのが，システム理論とジェネラリスト・アプローチである．システム理論は，人と環境との交互作用に着目し，その全体像を包括的に理解しようとする視点を示しており，この視点がソーシャルワークの統合化に有効であるとされ，1970年代に本格的に取り入れられるようになった．ジャーメイン（C. B. Germain）とギッターマン（A. Gitterman）によって，システム理論と生態学の視座を取り入れたライフ・モデルが登場したのもこの頃である．ジェネラリスト・アプローチは，「あらゆる種類の問題・ニーズ，またあらゆる実践の場に対しても応用可能な，問題・ニーズを全体的にとらえる視点と，多面的な援助内容を柔軟に計画・実施していける能力・融通性・創造力をもったソーシャルワーカーを養成するための認識および実践の枠組み[4]」である．その実践では，クライエントの多様化するニーズに対応するため，特定の理論に固執することなく幅広い理論や知識やスキルを駆使し，クライエントの状況に適した理論の選択と活用，包括的な視点からの問題解決が求められる．ジェネラリスト・アプローチは，ソーシャルワーク教育にも浸透し，学部や大学院ではジェネラリスト・ソーシャルワーカーを養成しようとする動きが高まった．

　ところで，この時期，ソーシャルワークの統合化が進む一方，ソーシャルワーク理論の多様化が進み，システム論やジェネラリスト・アプローチのみならず，その他多数が生み出された．たとえば，ロバーツ（R. W. Roberts）とニー（R. H. Nee）が1970年代に出版した『ソーシャル・ケースワークの理論』（*Theories of Social Casework*）では，① 心理社会的アプローチ，② 問題解決アプローチ，③ 機能的アプローチ，④ 行動修正アプローチ，⑤ 家族療法，⑥

危機介入，⑦成人の社会化といった7つのアプローチが紹介されている．本書で紹介された7つのアプローチは，1960〜70年代の代表的なソーシャルワーク理論であり，それぞれのアプローチを提唱した代表的な研究者がアプローチの特徴，起源，処遇の原則と方法，処遇過程などについて執筆している．その後1974年には，ターナー（F. J. Turner）によって『ソーシャルワーク・トリートメント』（Social Work Treatment）が公刊され，14のソーシャルワーク理論が紹介されている．さらに5年後に公刊された同書の改訂版には，19の理論が紹介されている．

> **ジェネリック／スペシフィック（generic/specific）**
>
> 　高齢者，児童，公的扶助などの各々の領域に専門分化したケースワークが，スペシフィック・ケースワークであり，各分野の共通基盤に立脚して，統合されたケースワークをジェネリック・ケースワークとよぶ．1929年のミルフォード会議において，はじめて「ジェネリック・ケースワーク」という表現が用いられた．成清・加納編『現代社会福祉用語の基礎知識（第7版）』（学文社，2007年）によれば，両者が「統合されたソーシャルワーク実践をジェネリック・ソーシャルワーク，あるいはジェネラリスト・アプローチ（generalist approach）」とよぶ．しかしこの議論には，ジェネリック（generic）は果たして，援助対象の一般性という意味でのオールラウンド（all-around）なのか，理論的技術的基礎を共有するという意味でのベーシック（basic）なのか，曖昧な点がある．

§4　ソーシャルワーク理論の新たな展開

　1990年代に入ると，社会学，文学，歴史学，教育学，心理学などの領域で広まっていたポストモダンの潮流が，ソーシャルワークにも徐々に浸透した．ポストモダンとは，普遍性，合理性，科学性，客観性を追求するモダニズムを批判し，脱近代化を推し進めようとする思想であり，ソーシャルワーク理論もこの思想に影響を受け，画期的なアプローチやモデルが生み出された．その代表的なものが，ストレングス・アプローチとナラティヴ・モデルである．

　2つのアプローチやモデルには共通性があり，どちらも科学性や普遍性を追

Ⅲ　ソーシャルワークの理論と歴史　41

及してソーシャルワークの共通基盤の確立を目指してきた従来のソーシャルワーク理論を批判し，ソーシャルワークの専門性のあり方や，クライエントとソーシャルワーカーとの援助関係を根本から問い直した．そして，ソーシャルワーカーは「クライエントこそ専門家である」[5]というスタンスに立ち，クライエントのもつ力，クライエントが語る言葉やストーリーを最大限に尊重しようとする世界観を提示した．ハートマン（A. Hartman）やサレエベイ（D. Saleebey）らは，ポストモダンの視点を取り入れたソーシャルワークの研究成果を発表し，ソーシャルワーク界に大きなインパクトを与えた．

2. ソーシャルワーク理論の体系化に貢献した人

　これまで，数多くの研究者や実践者がソーシャルワーク理論を生み出し，わが国においてもその代表者が紹介されてきた．ここでは，ソーシャルワーク理論の体系化が初めて試みられた1940〜60年代に焦点を当て，長年にわたり実践者・研究者・教育者としてソーシャルワークに関心を寄せ，貢献し，その発展を支え続けたハミルトン（G. Hamilton）とホリス（F. Hollis）を紹介する．

§1　ハミルトン（Gordon Hamilton, 1892-1967）
1）ハミルトンの歩み

　ハミルトンは，1892年アメリカの上流家庭に生まれ，名門校ブリンマー・カレッジを卒業し，卒業後，コロラド州デンバーにある米国赤十字社に勤務した．そこでは，ハミルトンの人生に多大な影響を与えたリッチモンドとの運命的な出逢いがあり，赤十字社はハミルトンにとって特別な場所となった．彼女は，赤十字社でもち前の人柄と類まれな能力が評価され，その後，リッチモンドの勧めでニューヨークの慈善組織協会の役員に就任した．それから1923年以降，コロンビア大学社会事業学校大学院で教育と研究に力を注ぎつつ，長老派教会による病院の社会事業部，緊急一時保護事業，ユダヤ人保護教会，精神

医学進行委員会，国連の関連部門など数多くの社会福祉機関と協力し活動を続けた．このような経験をふまえて1940年に誕生したのが，『ケースワークの理論と実際』(*Theory and Practice of Social Case Work*) である．

2)『ケースワークの理論と実際』の誕生

本書は，リッチモンドが提唱したケースワークや豊富な事例を基盤に，ケースワークの理論体系を確立した歴史に残る書である．ハミルトンは，本書で初めて「心理社会」という用語を用いているが，この用語はその後，彼女を象徴づけるキーワードとして周知された．本書は1951年に全面改訂され，わが国でも1959年に翻訳出版された．

改訂版の冒頭で，ハミルトン自身が「私自身の観点は『診断的な』(diagnostic) 接近方法に基づいているということを明白にしておきたい」[6] と強調しているように，改訂版には診断学派の第一人者としてのハミルトンのスタンスが色濃く示されている．内容は大きく2部に分かれており，第1部では，ケースワークの方法，クライエントとケースワーカーの関係，面接過程，施設の機能，第2部では，第1部の面接過程がクローズアップされ，その過程が詳細に記されている．

3) ハミルトンの貢献

ハミルトンは，わが国においてもケースワークを体系化した理論家として，また，診断学派のパイオニアとしてよく知られている．ソーシャルワークの発展に寄与した彼女の貢献は，『ケースワークの理論と実際』からも読みとれる．

(1) 精神分析学の「転移」概念を導入

ソーシャルワークに精神分析学の「転移」概念を導入し，クライエントとケースワーカーとの援助関係において転移が起こる可能性を示唆し，この概念を十分に理解しておく必要性を指摘した．

「現実の世界（対象関係）についてゆがんだ知覚をもっている人には，ワー

カーのことがそれほど明瞭にはわかっていない．彼の反応はすべて他の経験（通常は児童期の経験）から現在の関係へと持ちこされた態度によって彩られている．これが「転移」(transference)現象である．家族，児童，児童ガイダンスなどの分野で活動するワーカー，あるいはまた病人を相手として活動するワーカーなどならだれでも，このような複雑な転移を理解しなければならない．さもなければ自分が全く収拾のつかない事態にまきこまれているのに気づくこととなろう．」[7]

(2) 社会福祉特有の方法を提示

社会福祉特有の方法として，「社会福祉計画」「コミュニティ・オーガニゼーション」「ソーシャル・グループワーク」「ソーシャル・ケース・ワーク」「ソーシャル・アクション」を提示し，ソーシャルワーカーが実際にどのような活動を行っているかを詳細に述べた．[8]

(3) 「受容」の概念を提示

「面接こそ習得されるべき基礎的な技能である[9]」と述べ，それまで具体的に言語化されていなかった面接過程やクライエントとソーシャルワーカーの援助関係を明らかにし，援助関係を形成する上で今もなお重視されている「受容」の概念を提示した．

　「面接する技能というものは，『受け容れ』(acceptance)とよばれる基本的な専門職業上の態度に基づいている．これは，他の人間をそのあるがままに——いかなる境遇にあろうとも，どれほど面接者にとって不愉快で性分に合わなくとも，またどのような行動や攻撃心や敵意や依存状態や率直さの欠如などをその人が示そうとも——受け容れることを意味している．」[10]

(4) ケース・スタディの方法を提示

これまで，ケースワークがクライエントとの対面的な面接のみを重視し客観的な調査を軽視していたことを指摘し，ケース・スタディの重要性を強調した．そして，事例を取り上げながらその方法を具体的に示した．

　「今日では，主要な資料の源泉としてのクライエントと，他の信頼できる

資料源—もちろん，かかる調査におけるクライエントの参加を求めた上でのことであるが—との間の均衡を保つように，われわれは努めているのである．」[11]

このように，ハミルトンは『ケースワークの理論と実際』の中で新たな視座を示し，ケースワークに新鮮な風を吹き込んだのである．

§2 ホリス (Florence Hollice, 1907-1987)

1) ホリスの歩み

ホリスは，1907年に生まれ，ウエレスリー大学を卒業し，スミス大学で修士号を，ブリン・マウル大学で博士号を取得した．院生の頃から実践を続けており，勤務していたフィラデルフィア家庭福祉協会や児童相談機関における精神科医との交流，同僚およびスーパーバイザーと事例検討を繰り返し行うなかで，徐々に自我心理学へ関心を深めていき，自我心理学を基盤としたソーシャルワークの実践アプローチを提唱した．

ホリスが永眠してから20年が経とうとしているが，彼女はケースワークの実践，研究，教育を通じ，生涯にわたってケースワークに関心を寄せてきた．スミス大学を卒業した1931年にデビュー論文を発表し，その後遺作となった『ケースワーク—社会心理療法』第3版 (*Casework : A psychosocial therapy*, 3rd ed.) が出版された1981年までの50年間で30篇以上に及ぶ著作や論文を発表している[12]．そのなかでも，1964年に公刊された『ケースワーク—社会心理療法』初版は，彼女の名が周知されることとなった代表作品であり，わが国でも2年後に翻訳出版され，今では絶版となっている．彼女が亡き後も，共同研究者であるウッズ (M. E. Woods) によって第4版が出版され，2000年には第5版が出版された．

2) ホリスが体系化したケースワーク技法

ホリスの最大の貢献は，ソーシャルワークの実践アプローチとして心理社会

的アプローチを生み出し,実践で用いるケースワーク技法を体系化したことである.彼女は,『ケースワーク―社会心理療法』の中で,「ケースワークを効果的に使用するためには,われわれは,どのようなパーソナリティや問題に対して,どのような処置方法や技法が適当かをよく検討しなければならない」[13]と主張し,ケースワーク技法の詳細を明示している.

ホリスは,ケースワーク技法を大きく「直接的処遇」と「間接的処遇」の2つに区分し,さらに前者を,①「持続的支持手続き」,②「直接的指示手続き」,③「浄化法および喚起法」,④「人と状況の全体性についての反省的話し合い」,⑤「力動についての反省的話し合い」,⑥「発生的な反省的話し合い」の6つのカテゴリーに分類し,後者を前者の①から④に「環境的処置」を加えた5つのカテゴリーに分類している.

「持続的支持手続き」は,「クライエントに対して関心をもっていることや,援助しようという意欲や理解を示したり,クライエントの力や能力について信頼感を示したり,クライエントが不安や罪悪感を持っている事柄に関して再保障したりする活動」[14]である.この技法には,関心,受容,傾聴,励まし,共感的理解,再保障などが含まれ,あらゆる実践において,また,援助過程全般において頻繁に用いられる.

「直接的指示手続き」は,「幅広いさまざまな技法を含み,その中では,示唆や助言などがもっとも頻繁に使用される.これには,なんらかの形で,クライエントがとるべき行動についてワーカーの意見を表明することを含んでいる」[15].

「浄化法および喚起法」は,「単純にクライエントの感情の自由な表現を促進する過程であり,そのような自由な表現を可能ならしめるような雰囲気を与える過程」[16]である.

「人と状況の全体性についての反省的話し合い」は,クライエントが,① 自己の状況(経済的,社会的,身体的,教育的な状況など)や自分が関係している人(親族や重要な友人など)の実情を反省する,② 自らの行動の実際の影響や予期しうる影響(他人や自分自身に対する)を考える,③ 現在の感情・態度・信念を

反省する，④ ワーカーがクライエントの反応を反省する，また，クライエントに対する施設やワーカーの態度の性質をクライエントに説明するという4つの手続きから成り立っている．

「力動についての反省的話し合い」は，「クライエントの感情，態度，行動の型，クライエントのパーソナリティのある一つの特性が別の特性に与える影響—換言すれば，クライエントの考えや感情がどのように作用しているかについて〈精神内界の因果関連〉(intrapsychic reasons) を追求することを援助する」[17] 技法である．「発生的な反省的話し合い」は，過去に起こった事がらが現在とどのように関係しているのかをクライエントが把握するように，過去について反省的に話し合うことである．

「環境的処置」は，「激励を与えたり，不安を軽減するために使用」する技法であり，「環境の中にいる人に，助言や説明などの機能を果たしてもらうことを要請することもできる」[18]．

3) ホリスが目指していたこと

トールが，『ケースワーク—社会心理療法』の中で「著者（ホリス）が事例を抱負に引用されたことに賛美を評したい」[19] と語っているように，ホリスは現場で日々奮闘しているソーシャルワーカーとの共同研究を通して，彼らの意見に耳を傾け，彼らが提供する事例を活用して現場への理論の適用化や応用化を試み，常に現場に貢献できるような実践理論の構築を目指してきた．ホリス自らが語っているように，彼女の究極的な目的は，ケースワークの質的向上に寄与することであった．著作や論文を通してケースワークの本質や技法を明文化することによって，それを実践者や学生が理解し，現場で活用し，専門職として向上していくことを望んだのである．

3. ソーシャルワークの実践モデル

　既述のように，ソーシャルワークの実践モデルは長い年月の中で多数生み出され，研究が蓄積され，紹介されてきた．ここでは，ソーシャルワーク実践の中でその有用性が認められている，心理社会的アプローチ，危機理論，ライフ・モデルを取り上げる．

§1　心理社会的アプローチ
1）影響を受けた理論
　心理社会的アプローチは，診断学派のハミルトン，ホリス，オースティン（L. Austin），ギャレット（A. Garrett），トールらによって1960年代に生み出されたアプローチである．すでに述べたように，診断学派はフロイド理論の知見を多く取り入れた学派であり，この学派の中で生み出された心理社会的アプローチもまた，フロイド理論の影響をうけてクライエント個人のパーソナリティを発達させることを目指している．

2）心理社会的アプローチの技法
　心理社会的アプローチの技法は，ホリスによって生成され，その後，ホリスとともにウッズが発展させた．以下では，ホリスとウッズの研究動向を追いながら，心理社会的アプローチの技法がどのように発展してきたかをみていく．
　既述のように，ホリスは『ケースワーク─社会心理療法』（1964年）の中で，ケースワーク技法として，①「持続的支持手続き」，②「直接的指示手続き」，③「浄化法および喚起法」，④「人と状況の全体性についての反省的話し合い」，⑤「力動についての反省的話し合い」，⑥「発生的な反省的話し合い」，⑦「環境的処置」を提示した．このうち①〜⑥の6つの技法が個人へ働きかける「直接的処遇」であり，①〜④に⑦を加えた5つの技法が社会へ働きかける「間接的処遇」である．本書では，「直接的処遇」については具体的に書かれているが，

「間接的処遇」については総頁数299頁のうちわずか9頁しか書かれていない．「間接的処遇」の内容が明らかにされたのは，『ケースワーク―社会心理療法』第2版である．

第2版では，社会へ働きかける際のソーシャルワーカーの役割や社会資源の種類が提示されている．まず，ソーシャルワーカーの役割としては，初版では「提供者」しかあげられていなかったが，第2版ではそれに加え，「探索者」「説明者」「創造者」「媒介者」「積極的介入者」があげられている．また，社会資源の種類としては，「ワーカーが経営する社会福祉機関」「常勤のワーカーはいるが他の専門家が指揮をとる組織」「ワーカーのいない社会福祉機関」「他の専門家が指揮をとるワーカーのいない社会福祉機関」「個人」があげられている．

その後，ホリスとウッズによって改訂された第3版(1981年)と第4版(1990年)では，新たに「環境への働きかけ」と題する章が2章設けられ，第2版で十分に明記されていなかった社会資源の内容について詳細に言及されている．

さらに，ウッズが中心となって改訂した第5版では，これまで表現されてきた「直接的処遇」と「間接的処遇」が，表Ⅲ-1のように「クライエントとワーカーのコミュニケーションの種類と環境的手続き」に代わり，技法が細分化・精緻化されている．

3) 心理社会的アプローチの貢献

心理社会的アプローチは，「心理社会的調査」→「診断」→「処置計画」→「処置手続き」という面接過程や，面接で用いる技法を提示したことが高く評価されているが，その一方で，社会への働きかけが弱いという批判も多く，今日では貢献よりもむしろ批判が目につく．しかし，その批判の多くは心理社会的アプローチが登場した初期の視点や技法に対するものである．1960年以降の動向をみてもわかるように，このアプローチは，社会変動やソーシャルワークの潮流の中で着実に技法を進化させ，適用範囲を広げ，発展し続けている．

表Ⅲ－1　クライエントとワーカーのコミュニケーションの種類と環境的手続き

```
☆ クライエントとワーカーのコミュニケーションの種類
A. 持続（受容，再保障，はげまし，非言語的支持，二次的支持．支持と結合のインタビュー）
B. 直接的影響
    a. 指示の段階―アドバイス
              ―提案
              ―強調
              ―忠告
              ―積極的介入
    b. アドバイス
    c. 反射
    d. 保護―クライエントの望みを引き出す
         ―説明する
         ―アドバイスの必要性を確かめる
         ―反省的話し合いを始める
         ―質問する
         ―アドバイスを控える
    e. 持続的直接的影響
C. 探査・描写・喚起
    a. 怒り，憎しみ
    b. 悲嘆
    c. 自責の念
    d. 不安
    e. 禁忌
    f. 喚起のファミリー・インタビュー
D. 人と状況の全体性についての反省的話し合い
    a. 他者，クライエントの健康状態，外の世界
    b. クライエントの行動が彼自身や他者に及ぼす影響
    c. クライエントの行動，考え，感情
    d. 外からの刺激に対するクライエントの態度や行動
    e. クライエントの自己評価
    f. ワーカーや援助過程
E. 力動についての反省的話し合い
F. 発生的な反省的話し合い
```

```
☆ 環境的手続き
A. コミュニケーションのタイプ
    a. 持続
    b. 直接的影響
    c. 探査・描写・喚起
    d. 人と状況の全体についての反省的話し合い
B. ワーカーの役割
    a. 提供者
    b. 探索者
    c. 創造者
    d. 説明者
    e. 媒介者
    f. 積極的介入者
    g. ケースアドボカシー＆ソーシャル・アドボカシー
C. 社会資源の種類
    a. ワーカーが雇用されている機関
    b. ワーカーが雇用されていない組織
    c. 開業しているワーカー
    d. 個人または同僚
```

出所）　Woods, M. E. & Hollis, F., *Casework: A Psychosocial Therapy* (5th ed.), McGraw-Hill, 2000 をもとに筆者作成

§2 危機理論
1) 起 源

　危機理論は，自我心理学，ストレス・コーピング理論，学習理論，システム理論，ホメオパシス理論などの影響をうけ，リンデマン（E. Lindemann）とキャプラン（G. Caplan）の研究によって発展した．

　リンデマンは，1942年に「ココナッツグローブ」というナイトクラブで発生した大火災で被害を受けた生存者や，病院や戦場で身内の人を亡くした遺族など計101人にインタビューし，彼らが体験していた悲嘆を分析した．そして，悲嘆に「正常な悲嘆」と「病的な悲嘆」の2種類があることを明らかにした．「正常な悲嘆」には，身体的・精神的苦痛（たとえば，息苦しさ，緊張感，気力のなさや疲労感），死者への思慕，罪意識，人に対する敵意，通常の行動パターンがとれないという特徴があり，一部の人に，死者を思い起こす人や場所や品物を避ける，いつまでも悲嘆が続く，心身症を発症するという「病的な悲嘆」がみられた．[20] 死別という危機状態にある人を支援していたソーシャルワーカーにとって，リンデマンの研究成果は貴重な情報源となったのである．

　こうしたリンデマンの研究を継承し，さらに発展させたのが，キャプランである．キャプランは，移民の子どもが新しい環境に適応していく過程や，未熟児を生んだ母親の反応などを研究し，危機にある人が辿る過程や示す反応に共通性があることを明らかにした．また，予防精神医学の立場から，早期発見や早期治療によって危機を予防する重要性を指摘した．こうした研究結果をもとに危機理論を体系化し，危機状況に置かれている人や，その可能性のある人に早期に介入する援助方法として危機介入を発展させたのである．

2) 危機とは

　危機については，これまでに多くの研究者によって定義がなされてきたが，いまだに一致した見解がないのが現状である．危機を説明した代表的な定義としてよく紹介されているのが，危機理論を体系化したキャプランによる定義で

ある.

「危機は人が大切な人生の目標に向かう時,障害に直面し,それが習慣的な問題解決を用いても克服できない時に発生する.混乱の時期つまり動転する時期が続いておこる.その間は,さまざまな解決の試みがなされるが,いずれも失敗する.結果的にはある種の順応がなしとげられるが,それが彼やその仲間たちにとって,もっともためになるかもしれないし,そうでないかもしれない.」[21]

3)危機の種類と特徴

危機といってもさまざまな種類があるが,大きく分けて,発達的危機(developmental crisis)と状況的危機(situational crisis)の2種類がある[22].前者は,多くの人が経験し,あらかじめ予期できる危機であり,たとえば,幼児期,思春期,老年期など人生の発達過程で生じる危機や,入学,転居,就職,結婚,定年など,生活や役割の変化から生じる危機がある.後者は,突破的に起こる予期できない危機であり,たとえば突然の病気,事故,死別などの社会的な危機や,自然災害や社会的変動などによる偶発的な危機がある.状況的危機は,人の心身に長期にわたって影響を及ぼすこともあり,慢性的ストレッサーを引き起こす可能性もある.

危機に関する研究では,危機に直面した人にみられる兆候や行動についても明らかにされている.その主な特徴として,①防衛機制が弱まり,問題に対する対処能力や解決能力が低下する,②さまざまな心身症状(不安,抑うつ,罪悪感,悲嘆,疲労,呼吸困難,胃痛,頭痛など)があらわれる,③現実逃避したり,ファンタジーの世界に浸るなど,行動に顕著な変化があらわれるなどがあげられる.

危機の種類や特徴によって危機介入の方法も異なってくるため,ソーシャルワーカーは,クライエントがどのような危機に直面しているか,あるいは直面する可能性があるかをしっかりと見極め,その状況に応じた援助を展開するこ

とが必要である．また，危機理論が重視しているように，危機は成長の機会につながる可能性があることも理解しておきたい．

4）危機介入—目的および方法

危機介入とは，「情緒的に窮地に陥っている人に対して，またはそのおそれのある人に対して，迅速にかつタイミングよく介入することにより，短期間に効果的に援助できる方法」[23]であり，危機を予防すること，危機によって今より悪い状態に陥らないように現状を維持すること，危機から回復し改善させることを目的としている．

危機介入は，クライエントがどのような危機に直面しているかによってその方法が異なるため定式化された方法はないが，理解しておきたいこととして次のようなことがあげられる．① 可能なかぎり早急に介入する（クライエントが窮地に陥って最も援助を必要としているその時に働きかける），② 時間に制限があり短期間で行う（通常面接が4〜6回であり，場合によっては1回のときもある），③ クライエントが感情を十分に表出できるように働きかけ，ソーシャルワーカーが積極的に傾聴・介入する（これまでの理論では受動的スタンスを推奨していたが，危機介入ではソーシャルワーカーによる積極的介入を評価している），④ これまでどのように危機に対応してきたかを明らかにし，その方法で対応できないのであれば新たな対応方法を学ぶように教育的に働きかける，⑤ ソーシャル・サポートを重視し，社会資源の情報を提供し最大限に活用する．

危機介入が他のアプローチと大きく異なるのは，必ずしも専門家のみが活用する方法ではないということである．もちろん，生命にかかわるリスクの高い危機状態に陥っている人には，危機に関する専門的知識や高度な技術をもった専門家の積極的な介入が必要である．しかし，一般的なストレスなどの危機に直面している人には，身近な家族や友人，あるいは同じ体験をした当事者やボランティアによる働きかけが本人にとって大きな支えとなることを心に留めておきたい．

§3 ライフ・モデル
1) ライフ・モデルの誕生から発展

　ライフ・モデルは，システム理論を基盤に，自我心理学，生態学，発達理論，ストレス・コーピング理論などの知見を援用し，バンドラー（B.Bandler），オックスレイ（G. Oxley），ジャーメイン（C. B. Germain），ギッターマン（A. Gitterman）らによってソーシャルワーク実践に応用可能な理論へと発展していった．

　ライフ・モデルという用語が登場したのは 1960 年代であり，ボストンでソーシャルワーカーとともに働いていた精神科医バンドラーが初めてこの言葉を用いた．バンドラーは，人間の人生に着目して「ライフ機能」という機能を提唱し，人間の自我が物質的・発達的・進歩的・教育的な支持を含むライフ機能によって成長していくことを主張した．バンドラーのこうした考えは，個人や家族や集団の成長の可能性を信じ，彼らの社会的機能を充足することを目指すソーシャルワークにフィットしたのである．

　1970 年代に入ると，オックスレイによって，ライフ・モデルのソーシャルワークへの導入が試みられ，ライフ・モデル・アプローチが誕生した．オックスレイは，人間のもつ成長する力や変化する力に着目し，人間が成長したり変化するのは，① 成熟，② 相互作用，③ 活動，④ 学習，⑤ 危機解決による場合が多いと考えた．そして，成長や変化をもたらす必要条件として，情緒的・物理的環境，身体的・情緒的健康，持続的に支持する人や集団，要求を満たしたり達成感を感じられる機会，情報，問題解決のための物理的・情緒的手段などをあげ，ソーシャルワーカーが代弁者，治療者，教師，友人，親のような役割を担い，クライエントの変化や成長を促進する存在になることを主張した[24]．

　同時期，システム理論と生態学の理論を基盤としたライフ・モデルを体系化したのが，ジャーメインとギッターマンである．ジャーメインとギッターマンは，システム理論の考え方に影響をうけながらも，この理論をソーシャルワーク実践で応用するむずかしさ（具体性がない，人間的でない，抽象的すぎて実践的

でない)を感じ,ソーシャルワーク理論に生態学の視点を取り入れた.そして,人間と環境との交互作用に焦点を当て,両者の間で不均衡が起こり,バランスがとれていない時に生活問題が生じると考え,人間と環境の両側面へ働きかけて人間が本来もつ力の向上と環境の改善を目指すソーシャルワークの実践モデルとしてライフ・モデルを体系化したのである.ジャーメインとギッターマンが体系化したライフ・モデルは,ソーシャルワーク理論に新たなパラダイム転換をもたらし,長い間主流となっていた「医学モデル」に代わる新たなモデルとして広がっていった.

2) ライフ・モデルの視座―人間・環境・問題のとらえ方

(1) 人間のとらえ方

人間が成長し変化を遂げる存在であること,また,自身の力で問題に対処し解決する力(コーピングの力)をもっているという考えをもとに,クライエントのポジティヴな面に目を向けて援助を展開していく.また,クライエントを生活の主体者(生活者)としてとらえているのも,ライフ・モデルの特徴である.

(2) 環境のとらえ方

環境を「物理的環境」と「社会的環境」の2つに分け,さらに前者を「自然」と「人間が造りだした建造物」に,後者を「社会的ネットワーク」と「官僚組織」に細分化し,さまざまな構成要素が複雑に絡み合って成り立っている環境の特性を示している.

(3) 問題のとらえ方

問題の原因は個人にあるという考え方を批判し,人間と環境との交互作用に焦点を当て,日常生活の中で人間と環境との間で不適応が起こった場合や,人間と環境との交互作用がうまく働かず,バランスが崩れた場合に生活問題が生じると考える.

3) ライフ・モデル実践―様式・方法・技法を中心に

ジャーメインとギッターマンは，ライフ・モデル実践の特徴として，① 個人，家族，集団，組織，地域へのアドボカシーを含めた専門職的機能，② クライエントや環境のもつ多様性に敏感になり，エンパワメントや倫理を意識して実践する，③ クライエントとワーカーはパートナー関係である，④ 同意，ライフストーリー，アセスメント，⑤ 統合された様式・方法・技法，⑥ 個人や集団のもつ強さへの注目，⑦ クライエントの行動と意思決定を重視，⑧ 社会的・物理的環境と文化の重要性の普及，⑨ 個人・家族・集団もライフコースへの注目，⑩ 実践の評価とソーシャルワーク理論への寄与という 10 項目をあげている[25]．*The Life Model of Social Work Practice : Advances in Theory and Practice* では，10 項目の内容が詳細に記されているが，ここでは⑤に注目する．

ライフ・モデル実践は，① 個人，② 家族，③ グループ，④ ソーシャルネットワーク，⑤ コミュニティ，⑥ 物質的環境，⑦ 組織，⑧ 政策という 8 つの様式によって構成されており，ソーシャルワーカーは，これら 8 つすべてに効果的に働きかけることが求められる．その際用いられる主要な専門的方法と技法として，ジャーメインとギッターマンは以下をあげている[26]．

① Enabling（可能にする）

クライエントが感情を表現できるように働きかける方法であり，最小限の応答，沈黙を待つ，感情を言葉にする，考えや感情をわかち合うなどの技法が含まれる．

② Exploring（探求）

クライエントが感情を表出したり，考えを打ち明けたり，探求することを促す方法であり，焦点と方向性の明確化，問題の明確化，体験の意味を探求する，食い違うメッセージを統一する，体験を再現する，不明確なことを共有する，フィードバックをもたらすなどの技法が含まれる．

③ Mobilizing（高める）

クライエントがストレスに向き合い対応しようとするモチベーションを高め

る方法であり，力を確認する，新たな自信を高める，希望を捧げるなどの技法が含まれる．

④ Guiding（導く）

必要な情報が不足していたり，誤った情報によって困難を抱え，生活問題を解決できない人に対して本来備わっているコーピング力を高め，よりよい方向へ導く方法である．技法としては，適切な情報提供，誤った情報の修正，助言，参加，課題の明確化などがあげられる．

⑤ Facilitating（促進）

つらい現状に向き合うことへのためらいから，現実逃避したり，感情を封印したり，会話をさえぎるクライエントが，問題解決に向けて歩んでいけるように支持的な態度でかかわる方法である．技法としては，逃避パターンの明確化，食い違うメッセージへの支持的な応答などがあげられる．

ライフ・モデル実践では，ソーシャルワーカーはクライエントの特徴や置かれている状況に合わせて方法や技法を組み合わせて使い分けていくのである．

4）ライフ・モデル実践の援助過程

ライフ・モデル実践の援助過程は，導入期（Initial Phase）→展開期（Ongoing Phase）→終結期（Ending Phase）という3つの局面から構成されている[27]．

(1) 導入期（Initial Phase）

まず初回面接では，クライエントの言動に細心の注意を払い，現状に対するクライエントの感情や考えを受けとめる．また，生活問題やストレッサーを明らかにして情報を共有し，受容的な協同関係を築いていく．ここでは共感の実践が必要とされ，ソーシャルワーカーは，「推測して共感する」（クライエントの非言語的な話し方や行動に注意を払い，クライエントが何を望んでいるかを彼らの立場に立って推測する），「共感を表現する」（身体の姿勢，顔の表情，手の動きなどを通してクライエントへの興味や関心を示す）という技法を用いる．

サービス提供の段階では，以下のようにクライエントの特徴に合わせてソーシャルワーカーの対応や用いる技法を変えて援助を展開していく．

① サービスを求めているクライエントの場合

クライエントの感情を引き出し，話を展開し，歓迎的な雰囲気を作り出す．技法としては，最小限の促し，サポーティヴな声かけ，沈黙，開かれた質問，感情の言語化，要約などが用いられる．

② サービスを利用しているクライエントの場合

専門用語を避けて，機関のサービスや専門職の機能を明確に示す．技法としては，明確化や説明などが用いられる．

③ 強制的にサービスが提供されるクライエントの場合

クライエントはワーカーに対して脅威や憤りを感じ，抵抗する傾向が強いため，より倫理的な実践が求められる．この場合，用いられる技術は，深みのある共感と受容，恐れや不安の緩和，情報のわかち合い，安全でサポーティヴな雰囲気づくりなどがあげられる．

(2) **展開期** (Ongoing Phase)

展開期で中心となるのは，個人，家族，グループ，ソーシャルネットワーク，コミュニティ，物質的環境，組織，政策へ働きかけ，クライエントのライフストレッサーに対するコーピング力や問題解決力を強化したり，環境を強化することである．展開期では，主に表Ⅲ-2に示した専門的方法とスキルが用いられる．

(3) **終結期** (The Ending Phase)

終結期では，ソーシャルワーカーは，ゴールに向けてクライエントと援助がどれだけ展開したか，今後やることはないかを確認し，積極的に感情を表出しあう．しかし，クライエントのなかには感情表出にためらいを感じる人もいるため，その場合は感情表出の機会を控える．また，ソーシャルワーカーはクライエントと十分な距離を保つ必要がある．

表Ⅲ-2 展開期で用いる専門的方法と技法

ライフストレッサー	専門的方法	技法
困難な生活変化やトラウマとなる出来事	Enabling（可能にする）	最小限の対応，沈黙を待つ，事実確認，感情の言語化
	Exploring（探求）	焦点化，関心の具体化，隠された意味を探る，アンビバレンスの明確化
	Mobilizing（高める）	現実的な再保証，希望を与える
	Guiding（導く）	ストレッサーや課題に対応するための情報提供，誤った情報の明確化
	Facilitating（促進）	逃避のパターンについてコメント，相互の合意の錯覚を明確化，不安の一般化
環境的要因（組織，ソーシャルネットワーク，自然，建造物）	Coordinating（調整）	インフォームドコンセントと参加の準備，仕事の割り当ての明確化，クライエントのもつ力を引き出す
	External Mediating（外的な仲介）	システムの関係を発展させ活用，他者の見通しに対する理解を表面化
	External Advocacy（外的なアドボカシー）	さらに進んだ動きを暗示，主張の組織化，命令に従うことを拒否，他の組織やメディアへの報告
	Innovating（革新）	ニードのアセスメント，反応に応じてプログラムを開発，組織やコミュニティから支援を取得
	Influencing（影響を与える）	提携，駆け引き，働きかけ，証言
不適応な対人関係（家族，集団，ワーカー・クライエント関係）	Internal Mediating（内的な仲介）	機能不全のパターンを確認，コメント，集団的な抵抗に挑戦
	Internal Advocating（内的なアドボカシー）	対立を促し支持，保護的な基本的ルールの確立，支援

出所　Germain, C. B. & Gitterman, A., *The Life Model of Social Work Practice: Advances in Theory and Practice*, Columbia University Press, 1996, p.52 の Table2.3 を翻訳

5）ライフ・モデルの貢献

　ライフ・モデルは，ソーシャルワークが個人から政策まで幅広く介入する実践であることを再認識させたモデルであり，援助過程やソーシャルワーカーが

用いる専門的方法・技法がこれまで以上に具体的に示されている．このモデルは，現場で実践しているソーシャルワーカーにとって分かりやすく，実践に応用しやすいと聞くことがあるが，それは，ジャーメインとギッターマンがさまざまな領域における数多くの事例を提示しながら，ソーシャルワーカーが実際にどのような局面でどのような技法を用いてどのようにライフ・モデルを実践化していくかを具体的に示していることが関係しているように思う．

とはいうものの，ソーシャルワーク実践では，実際にはライフ・モデルが示しているように援助が展開しない場合や，この局面にはこの技法を用いるというような公式が実践では通用しないことの方が多いと思われる．他のモデルやアプローチと同様に，ライフ・モデルもひとつのモデルにすぎない．モデルがもつ限界をうけとめ，ソーシャルワーカーが自らの実践をふりかえったり確認したり，よりよくするためのツールとして活用するには，ライフ・モデルは意味のあるモデルだと思われる．

注）
1) Richmond, M. E., *What is Social Case Work?*, Russell Sage Foundation, 1922, p. 98
2) Flexner, A., Is Social Work a Profession? in *Proceedings of the National Conference of Charities and Correction*, 1915.（田代不二男編訳『アメリカの社会福祉の発達』誠信書房，1974年，pp. 68～85）
3) Robinson, V. P., *A Changing Psychology in Social Case Work*, The University of North Carolina Press, 1930, p. 185.
4) 副田あけみ「ジェネラリスト・アプローチ」久保紘章・高橋重宏・佐藤豊道編著『ケースワーク：理論的アプローチと技法を中心に』川島書店，1998年，p. 136
5) Anderson, H. & Goolishian, H., The Client is the Expert: A Not-Knowing Approach to Therapy, in McNamee, S. and Gergen, K. J. (eds.), *Therapy as Social Construction*, Sage Publications, 1992.（野口祐二・野村直樹訳「クライエントこそ専門家である―セラピーにおける無知のアプローチ」『ナラティブ・セラピー―社会構成主義の実践』金剛出版，1997年
6) Hamilton, G., *Theory and Practice of Social Case Work*, Columbia University

Press, 1951. (四宮恭二監修・三浦賜郎訳『ケースワークの理論と実際 上巻』有斐閣, 1964年, p. 3)
7) 同上訳書, p. 46
8) 同上訳書, pp. 19〜39
9) 同上訳書, p. 81
10) 同上訳書, p. 82
11) 同上訳書, p. 64
12) 金子絵里乃「ソーシャルワーク理論の再考—フローレンス・ホリスの研究の変遷を辿る」『現代福祉研究』7, 法政大学現代福祉学部, 2007年, p. 161
13) Hollis, F., *Casework : A psychosocial therapy*, Random House, 1964. (黒川昭登・本出祐之・森野郁子訳『ケースワーク—社会心理療法』岩崎学術出版, 1966年, p. 80)
14) 同上訳書, p. 89
15) 同上訳書, p. 89
16) 同上訳書, p. 119
17) 同上訳書, p. 148
18) 同上訳書, p. 94
19) 同上訳書, p. 2
20) Lindemann, E., Symptomatology and Management of Acute Grief, *American Journal of Psychiatry*, 101, 1944. (若林和美訳「急性悲嘆の症候と処方」ロバート・フルトン監修, 斉藤武・若林和美訳『デス・エデュケーション—死生観への挑戦』現代出版, 1982年, pp. 177〜179)
21) Caplan, G., *An Approach to Community Mental Health*, Grune & Stratton Publisher, 1961, p. 18 (荒川義子「米国における危機介入の現状と課題」『社会福祉学』14(2), 日本社会福祉学会, 1983年, p. 59)
22) Rapoport, R., Crisis Intervention as a Mode of Brief Therapy, in Roberts, R. W. & Nee, R. H. (eds.), *Theories of Social Casework*, University of Chicago Press, 1970, pp. 285-286
23) 荒川義子「米国における危機介入の現状と課題」『社会福祉学』14(2), 日本社会福祉学会, 1983年, p. 97
24) Oxley, G. B., A Life-model Approach to Change, *Social Casework*, 52(10), 1971, pp. 627-633
25) Germain, C. B. & Gitterman, A., *The Life Model of Social Work Practice: Advances in Theory and Practice*, 2nd ed., Columbia University Press, 1996, pp. 26-47
26) 同上書, pp. 112-120
27) 同上書, pp. 47-60

参考文献

Aptekar, H. H., *Basic Concepts in Social Casework*, The University of North Carolina Press, 1941.（黒川昭登訳『機能主義ケースワーク入門』岩崎学術出版社, 1968 年）

Anderson, H. & Goolishian, H., The Client is the Expert: A Not-Knowing Approach to Therapy, in McNamee, S. and Gergen, K. J. (eds.), *Therapy as Social Construction*, Sage Publications, 1992.（野口祐二・野村直樹訳「クライエントこそ専門家である―セラピーにおける無知のアプローチ」『ナラティブ・セラピー―社会構成主義の実践』金剛出版, 1997 年）

荒川義子「米国における危機介入の現状と課題」『社会福祉学』14(2), 日本社会福祉学会, 1983 年

稲沢公一「ジャーメインのライフモデル論」『現代福祉研究』6, 法政大学現代福祉学部, 2006 年, pp. 133 ～ 149

Woods, M. E. & Hollis Florence, *Casework: A Psychosocial Therapy* (5th ed.), McGraw-Hill, 2000.

Oxley, G. B., A life-model Approach to Change, *Social Casework*, 52(10), 1971, pp. 627-633

金子絵里乃「ソーシャルワーク理論の再考―フローレンス・ホリスの研究の変遷を辿る」『現代福祉研究』7, 法政大学現代福祉学部, 2007 年, pp. 161 ～ 192

木原活信「社会構成主義によるソーシャルワークの研究方法―ナラティヴ・モデルによるクライエントの現実の解釈―」『ソーシャルワーク研究』27(4), 相川書房, 2002 年, pp. 28 ～ 34

――, 『対人援助の福祉エートス』ミネルヴァ書房, 2003 年

Germain, C. B. & Gitterman, A., *The Life Model of Social Work Practice*, Columbia University Press, 1980.

Germain, C. B. & Gitterman, A., *The Life Model of Social Work Practice: Advances in Theory and Practice*, 2nd ed., Columbia University Press, 1996.

Saleebey, D. *The Strengths Perspective in Social Work Practice*, 3rd ed., Allyn and Bacon, 2002.

白澤政和「1960 年代以降のケースワーク諸理論の変遷とその考察 (3) ―機能的アプローチを中心として」『大阪市立大学生活科学部紀要』27, 1979 年, pp. 237 ～ 250

Smally, R. E., The Functional Approach to Casework, in *Theories of Social Casework*, Edited by Robert W. Roberts and Robert Nee, University of Chicago Press, 1971.

副田あけみ「ジェネラリスト・アプローチ」久保紘章・高橋重宏・佐藤豊道編著『ケースワーク：理論的アプローチと技法を中心に』川島書店, 1998 年

Dorfman, R. A., *Clinical Social Work : definition, practice, and vision*, Brunner/Mazel, 1996.（西尾祐吾・上續宏道共訳『臨床ソーシャルワーク―定義，実践そしてビジョン』相川書房，1999年）

Hartman, A., The Professional in Political, *Social Work*, 38(4), 1993, pp. 365-366

Hamilton, G., *Theory and Practice of Social Case Work*, Columbia University Press, 1951.（四宮恭二監修・三浦賜郎訳『ケースワークの理論と実際　上巻』有斐閣，1960年）

――, *Theory and Practice of Social Case Work*, Columbia University Press, 1951.（四宮恭二監修・仲村優一訳『ケースワークの理論と実際　下巻』有斐閣，1964年）

Bandler, B., The concept of ego-supportive psychotherapy. in Parad, H. J. & Miller, R. R. (eds.), *Ego-oriented Casework : Problems and Perspectives*, Family Serivice Association of America, 1963, pp. 27-44

Perlman, H. H., Social Casework. in *Encyclopedia of Social Work*, 15th ed., National Association of Social Workers, 1965.

Hollis F., *Casework: A psychosocial Therapy*, Random House, 1964.（黒川昭登・本出祐之・森野郁子訳『ケースワーク―社会心理療法』岩崎学術出版，1966年）

――, *Casework: A Psychosocial Therapy* (2nd ed.), Random House, 1972.

――, *Casework: A Psychosocial Therapy* (4th ed.), McGraw-Hill, 1990.

Hollis F. & Woods, M. E., ――, *Casework: A Psychosocial Therapy* (3rd ed.), Random House, 1981.

Lindemann, E., Symptomatology and Management of Acute Grief, *American Journal of Psychiatry*, 101, 1944.（若林和美訳「急性悲嘆の症候と処方」ロバート・フルトン監修，斉藤武・若林和美訳『デス・エデュケーション―死生観への挑戦』現代出版，1982年）

Rapoport, R., Crisis Intervention as a Mode of Brief Therapy, in Roberts, R. W. & Nee, R. H. (eds.), *Theories of Social Casework*, University of Chicago Press, 1970.

Richmond, M. E., *Social Diagnosis*, Russell Sage Foundation, 1917.

――, *What is Social Case Work?*, Russel Sage Foundation, 1922.

Robinson, V. P., *A Changing Psychology in Social Case Work*, Chapelhill, The University of North Carolina Press, 1930.

Roberts, R. W. & Nee, R. H., *Theories of Social Casework*, University of Chicago Press, 1970.（久保紘章訳『ソーシャル・ケースワーク理論：7つのアプローチとその比較』川島書店，1985年）

Ⅳ 社会福祉援助の基礎技術

1. ソーシャルワーク論における援助技術の体系

　社会福祉とは，人びとが自分らしく豊かな社会生活を営むことができる社会的な努力・取り組みであるが，制度や施策として存在するだけでは意味がない．専門的な活動によって生活のなかに具体化され始めて，社会福祉に命が与えられる．この専門職による活動を社会福祉援助（ソーシャルワーク）とよび，その活動において駆使される対人援助の技法を総称して社会福祉援助技術とよんでいる．

　社会福祉援助技術は，構成の仕組みや内容を整理すると直接援助技術，間接援助技術，関連援助技術の3つから成る．さらに細分類され12分類された体系で構成される（図Ⅳ-1）．各々の援助技術には定義，原理・原則，展開過程がある．

§1　直接援助技術

　直接援助技術とは，個人や家族・小集団を対象として利用者の個別の問題に援助者が直接働きがけ，問題解決や課題達成を図っていこうとするものである．直接援助技術には，個別援助技術と集団援助技術がある．

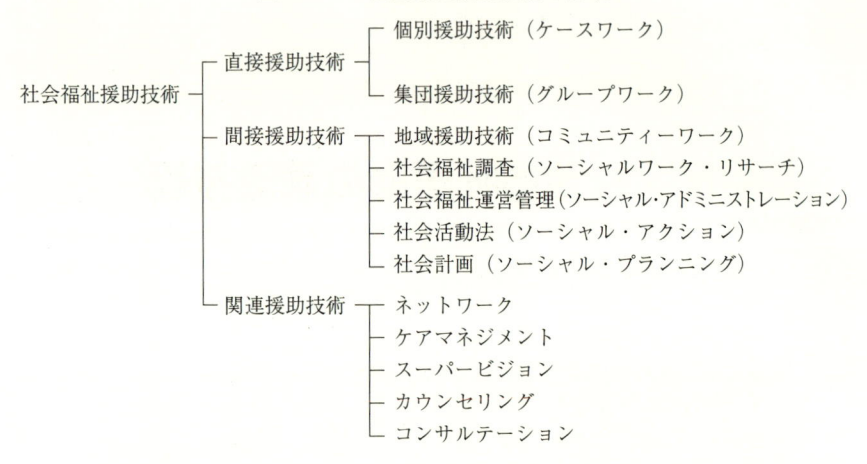

図Ⅳ－1　社会福祉援助技術の体系

```
社会福祉援助技術 ─┬─ 直接援助技術 ─┬─ 個別援助技術（ケースワーク）
                 │                └─ 集団援助技術（グループワーク）
                 ├─ 間接援助技術 ─┬─ 地域援助技術（コミュニティーワーク）
                 │                ├─ 社会福祉調査（ソーシャルワーク・リサーチ）
                 │                ├─ 社会福祉運営管理（ソーシャル・アドミニストレーション）
                 │                ├─ 社会活動法（ソーシャル・アクション）
                 │                └─ 社会計画（ソーシャル・プランニング）
                 └─ 関連援助技術 ─┬─ ネットワーク
                                  ├─ ケアマネジメント
                                  ├─ スーパービジョン
                                  ├─ カウンセリング
                                  └─ コンサルテーション
```

1) 個別援助技術（ケースワーク）

自力では解決困難な生活問題に直面している個人および家族に，面接を通して心理的なサポートや社会資源の活用などを行う．利用者を取り巻く社会環境との間を個別に調整し，問題の解決・緩和を図る技術である．

2) 集団援助技術（グループワーク）

単に人が集まり活動することではなく，意図的なグループ経験を通して，個人の社会に対する適応力を高めるとともに，集団討議や各種グループ活動などを通して，グループとそのメンバーの共通課題の達成を目指すものである．

§2　間接援助技術

間接援助技術とは，利用者の個々の問題ではなく利用者を取り巻く社会環境あるいは社会資源に働きかけ，間接的に利用者の社会生活を援助するものである．間接援助技術には，地域援助技術，社会福祉調査，社会福祉運営管理，社会福祉計画，社会活動法がある．

1) 地域援助技術（コミュニティーワーク）

地域で発生する生活問題を地域住民が主体的，組織的，計画的に解決していけるように公私の専門機関が側面的な援助を行う技法である．

2) 社会福祉調査（ソーシャルワーク・リサーチ）

社会福祉の対象が抱える問題について，データの収集や整理・集計・分析を行い，その実証的な解明を図る技法である．

3) 社会福祉運営管理（ソーシャル・アドミニストレーション）

社会福祉施設機関などがサービスの向上を図り，組織としての目的を果たすために継続して行う運営管理で，施設利用者へのサービス向上のためのサービス管理と施設理念に沿って，ヒト・モノ・カネ・トキ（時間）・シラセ（情報）などの経営資源を活用し，組織の目的を達成するために行われる経営管理がある．

4) 社会活動法（ソーシャル・アクション）

地域社会に発生するさまざまな福祉問題に対し当事者や地域住民が，問題の解決や望ましい社会の実現に向け，環境や制度の変革を目指す運動（請願・陳情・署名・集会・デモ等）を展開する技法である．

5) 社会福祉計画

社会保障や高齢者問題などの福祉課題に対して望ましい方向に実現していくための計画を立てる方法である．わが国は経済計画に福祉課題が盛り込まれ進められてきたが福祉ニーズが高まるにつれ福祉単独の計画が施策・立法化された．

§3 関連援助技術

関連援助技術には，ネットワーク，ケアマネジメント，スーパービジョン，

コンサルテーション,カウンセリングがある.

1) ネットワーク

個人が社会生活を送る上で発生する生活問題に対する支援(ソーシャル・サポート)を有機的に結びつける技法である.非専門的なインフォーマルサポートと専門的なフォーマルサービスがある.

2) ケアマネジメント

保健・医療・福祉サービスを総合的にパッケージして提供し,利用者の地域生活を支援する技法である.

3) スーパービジョン

同職の熟練した援助者であるスーパーバイザーが,経験の浅いスーパーバイジーに対し,専門的能力を最大限発揮して,よりよい実践ができるように援助すること.管理的機能・教育的機能・支持的機能がある.

4) コンサルテーション

援助者が利用者の問題に対して,医師や臨床心理士,弁護士などの他職種から専門的な助言を得ることをいう.

5) カウンセリング

心理的な問題を抱えた人に言語・非言語コミュニケーションを用いて,自己理解を深め,望ましい態度や生き方が実現・維持できるように援助していく心理的な個別援助である.

社会福祉援助技術の体系とジェネラリスト・アプローチ

　直接援助，間接援助，ケースワーク，グループワークといった分類は，社会福祉士の養成カリキュラムとの関わりで多くの教科書において，同様に紹介されている．しかし，米国においては，今日，あまり用いられなくなってきている．それぞれの技術に特化した専門性をもつのではなく，すべての技術を，地域を基盤として，クライエントの状況に応じて普遍的に活用できるソーシャルワーカーの養成（ジェネラリストソーシャルワーカー）が目指されるようになり，技術の分類よりは，それらの技術を駆使して展開されるアプローチの方法に関心が向けられるようになってきた．日本の理論研究でも同様である．

2. 面接技術

§1　相談面接における基本姿勢

　相談面接そのものが援助であり，面接は一期一会の心構えで臨まねばならない．最初の印象で利用者や家族に，「この人には話したくない！」と思われたら，どんなにすばらしい知識，資源をもった援助者でも信頼関係を築くことはできなくなる．また，豊かな人間性をもっていても，自分の精神衛生が守られなければ，人の話など聞けない．さらに私たちは，それぞれ異なった価値観をもっているが，その援助者がもっている価値観によっては利用者を誤って理解してしまうことがある．援助者自身の価値観による感情や意思を意識的にコントロールすることが，公正な援助を行う際に重要なのである．まさに援助者の力量が問われる．言い換えれば，社会福祉援助活動を実践する援助者は，援助技術の原理・原則に留意し，自己理解と理論・技術・知識の研鑽が求められる．

1）援助関係形成のための専門職の態度

　援助者に必要と思われる基本的な援助態度としてバイステックが示した7原則がある．

(1) 個別化の原則

　人はそれぞれ異なった心身や歴史をもっている．利用者を個別性や独自性を

もった個人としてとらえ，理解する．

(2) **意図的な感情表現の原則**

利用者が自由に感情表現できるように，共感的理解を示しながら援助者が意図的にかかわっていく．しかし，いいたくないことまでもいわせてしまい，後で後悔させないように注意する．

(3) **統制された情緒関与の原則**

援助者は自分の感情を適切にコントロールして利用者に接する．

(4) **受容の原則**

利用者の態度や言動を援助者の価値観によって測らず，ありのままの姿を受け止めること．利用者と信頼関係を築く上で重要な役割を果たすが，利用者の反社会的な言動までも認めるものではない．

(5) **非審判的態度の原則**

利用者を援助者の価値観や社会通念から一方的に批判しないこと．審判を行うことはよりよい方法を指示することにもつながりかねない．

(6) **自己決定の原則**

利用者の自己決定を促し，尊重する．利用者の意思を尊重し，自ら選択・決定できるように支援していく．失敗するような決定についても黙認することではなく，最善の方法を共に追求してその結論の決定を利用者が行う．また自分自身で権利を主張できない利用者にはアドボカシーを行い，権利擁護に努める．

(7) **秘密保持の原則**

利用者から知り得た情報は外部に漏らさない．秘密を保持することで，信頼関係を保つ．

2) 自己覚知

援助者が利用者を知る前にまず自分自身を知る作業である．自己覚知を常に図ることが必要となる．自己覚知とは，どのようなタイプの利用者には安心もしくは不安になるのか，あるいは共感もしくは激しい憤りを感じるのかなどの

自己の言動や感情のメカニズムについて客観的に理解できることをいう．面接には自分の特徴を冷静に振り返り，援助の障害になっている自分の考え方や行動を理解し，それらを軌道修正していく努力が求められる．援助過程には小手先のテクニックではない専門家としてのスキルが不可欠となる．その道具が援助者自身である．すなわち，利用者に対して専門的な援助を行うには，自分自身を専門的に用いることが必要となる．

自己覚知をはかる方法としてスーパービジョン・精神分析・感受性訓練・エンカウンター・交流分析などがある．

① スーパービジョンとは，熟練した援助者であるスーパーバイザーが，同職の経験の浅いスーパーバイジーに対して専門的能力を最大限発揮して，よりよい実践ができるように援助する過程のことをいう．

② 精神分析は，心理療法のひとつでフロイトが創始した．リラックスした状態で思いついたままをその人の言葉でかたる．その中で生活史をさかのぼらせ，過去の重要人物（多くは家族の一員）との関係を調べる．

③ 感受性訓練は，エンカウンターグループのひとつであり，個人の成長に関心をもつ人びとが集まり，自己の変革や対人関係の関心のもち方に気づいて，人間性の回復を図る訓練技法．

④ エンカウンターグループは，本音の部分で出会い，語り合う「出会い集団」．グループ体験を通して参加者の自己洞察を促進し，態度や行動変容の学習を行う．

⑤ 交流分析は，精神科医エリック・バーンによって開発された精神療法．個人の中で起きていることを理解する構造分析，2人の間に起きていることを理解する交流分析，特定の交流の形を理解するゲーム分析，個人の人生プランを理解する脚本分析等からなる．

自己覚知は一度やればそれでよいものではない．人間の意識は一度高められてもすぐまた元に戻るため，繰り返し必要となる．

§2 面接の手順

1） 面接を始める前に

面接は利用者の問題解決という目的にそって進められる．そのため面接を始める前には利用者の課題を調べ，仮説を立てる．また誰から何を聞くか，必要最低限聞き取らなければならない情報を確認し，大まかな面接の展開を組み立てる．これらの十分な準備を行って面接に臨む．仮説は実際の面接場面で検証する．

2） 面接を進める時に

面接の際，援助者は利用者の緊張を解き，話しやすい雰囲気をつくり出す姿勢が求められる．具体的に利用者の言葉に耳を傾ける「傾聴」や利用者の立場に身を置き，その感情に寄り添う「共感」等の心理的サポートは利用者との間に信頼関係を築き問題を一緒に探っていくために必要な基本姿勢である．全身全霊で利用者の言語・非言語のコミュニケーションの情報に注意を払い，観察・洞察する．

3） 面接を終える時に

一回の面接は1時間前後で終えるのが妥当であると一般的にいわれている．それ以上続けると利用者と援助者双方が疲れることや，そのためによりよい進展が得られないことがある．面接の内容をまとめて繰り返す．

§3 面接を構築する技術

1） 心理的サポート

援助者は，利用者と対等な関係であることを伝え，利用者に共感しながらその感情に寄り添い，どのような発言や行動に対しても誠実で温かみのある態度をもって接することが求められる．また同時に，受容の姿勢は，利用者を安心させ，さらに励まし，勇気づけることにもつながる．

2) 観察

援助者は，利用者の言葉だけでその置かれている状況や問題を受け取るのではない．利用者などの顔色，態度，声の調子やそれらの変化，服装や室内の様子を観察することで，利用者が置かれた状況や，肯定的・否定的感情および家族関係を読み取ることができる．

3) 傾聴

援助者の傾聴の姿勢によって，抑圧してきた感情を表出させることを心がけることが重要である．これにより，利用者の精神的な安定が図られ，援助者との信頼関係が深まると同時に効果的な援助が可能になる．

表Ⅳ－1　傾聴の技法

促しの技法	相槌をうったり，適切な質問により利用者の話を促す
感情の反射	利用者が表現した感情を，適切な表現を用いて相手に返す
明確化	利用者の話の内容を理解するために，不明な部分，相手が言いたいと思われることを明確な言葉で返す
繰り返しの技法	利用者の言葉の一部，もしくは全部を繰り返す
要約	利用者が話した情報を再確認するために，援助者がまとめて返す
沈黙の技法	利用者に考える時間をもたせ，黙って言葉を待つ
対決の技法	利用者の言動等の非一貫性を指摘する
質問	利用者に合わせて尋ねる．はい・いいえ，で回答できる「閉ざされた質問」や，自由に答える「開かれた質問」がある

出所）藤園秀信編著『相談支援員専門員ハンドブック2008』日総研出版，2008年より

§4　面接技術の向上のために

知識を習得しても実際に練習を積み重ねなければ身につかないものである．ロールプレイを行って録音や録画をして振り返ってみたり，実際の面接の逐語録を作って点検したり，スーパーバイザーからの指摘をうけるなどの訓練が必要である．特に援助者の言語・非言語の果たす役割と利用者への影響力を自覚

して自己覚知の機会ともなるスーパービジョンはよりよい援助を提供し続けるには効果的である．

1) スーパービジョンの意義

スーパービジョンとは，熟練した援助者であるスーパーバイザーが，同職の経験の浅いスーパーバイジーに対して専門的能力を最大限発揮して，よりよい実践ができるように援助する過程のことをいう．専門職としての知識・技術・倫理を，自分の努力だけで身に付けるには限界がある．スーパーバイザーの援助指導により，技術的助言や精神的な支援を得て，自らを向上させていくことができる．さらに，援助者の所属する機関や施設の援助の質を高めることにもつながる．

スーパービジョンには管理的機能・教育的機能・支持的機能がある．

(1) 管理的機能

個々のスーパーバイジーが，自らの所属する施設の理念や機能，仕事の内容について正しく理解し，職務を遂行しているか，また，可能な社会資源などを十分活用しているか，など専門的な視点から評価を行う．職員間の人間関係の調整からスーパーバイジーに対する仕事の配分やチームにおける役割分担など，職場におけるあらゆる環境整備を図る．スーパーバイザーとスーパーバイジーは一方的に管理する関係ではなく，共に仕事の機能を高めていけるように情報や意見を提供しあうという，スーパービジョンの相互性が重視されつつある．

(2) 教育的機能

実践現場は，教科書に取り上げられるような事例どおりのケースばかりではない．経験の浅いスーパーバイジーの場合，現実の利用者や社会資源を前にして，学んできた理論や方法をどう用いたらよいのか分からなくなることも多い．そのような場合に備えて，スーパーバイザーがスーパーバイジーに必要な知識を身に付ける機会を提供していく．面接方法や問題の把握の仕方，利用者とともに問題に取り組む過程のすすめ方，記録のとり方など，理論や技術を実

(3) 支持的機能

スーパービジョンを通してスーパーバイジーとの間に受容的・共感的な信頼関係をつくりだし，スーパーバイジーの創造的な仕事への意欲や学習意欲を支え，困難に直面しているときにもありのままに自己表現できるような支えあう関係を職場の中につくりだしていくことである．さまざまなストレスや燃えつき（バーンアウト）に対するスーパーバイザーによるサポートは，スーパーバイジーを支援する．

2) スーパービジョンの種類

スーパービジョンには，スーパーバイザーとスーパーバイジーの一対一の面接方式で行われる個別スーパービジョン，スーパーバイザーが，ケース会議や事例研究会，研修会といったグループを活用して行うグループスーパービジョン，スーパーバイザーとスーパーバイジーが同一のケースにかかわるライブ・スーパービジョン，援助に携わっているソーシャルワーカー同士の仲間（ピア）がお互いに事例や共通課題を持ち寄って検討を行うピアスーパービジョンがある．

生活場面面接の展開

　面接技術の中でも，近年，生活場面面接の適用に関する実践や研究が多くみられる．ソーシャルワーカーの面接の場面は，病院の病棟や家庭訪問先であったりさまざまである．そこで，面接が行われる場の状況に応じた面接の技術と方法の探求が行われるようになってきた．生活場面面接とは，「広義には，面接室以外の利用者の生活場面での面接や構造化されていない面接まで含めた面接の一形態をいう．面接の構造の要素には，時間，回数，場所，人数，契約などがあるが，こういった面接の構造が緩やかで，クライエント（福祉サービス利用者）の日常性に着目し，迅速な対応ができるところに特徴がある」（成清・加納編『現代社会福祉用語の基礎知識（第8版）』学文社，2008年）とされる．

3. 処遇グループ

　グループワークとは，グループダイナミックス（集団メンバー間の相互作用がもたらす力）およびプログラム活動（グループの目的達成のために行われる活動）を活用し，個人の成長や問題解決を促す技術である．19世紀後半のイギリス・アメリカのYMCA・セツルメント運動が起源とされる．
　チームワーク，ケースカンファレンス，委員会などソーシャルワーカーが参加するグループを課題グループと呼び，クライエントや利用者の参加するグループを処遇グループとよぶ．

§1　処遇グループの種類

　ソーシャルワーカーが集団援助技術を用いて運営する処遇グループには，1) 治療グループ，2) 相互支援グループ，3) 成長グループ，4) 教育グループ，5) レクリエーション・グループ，6) 社会目標グループがある．

1) 治療グループ
　治療を目的とした病院での精神障害者の集団療法，摂食障害者の治療グループ．

2) 相互支援グループ
　保健所等のアルコール依存症の家族の会，障害児通所施設での親の会などセルフヘルプグループ．

3) 成長グループ
　児童相談所の不登校児集団活動，児童養護施設のグループ指導．

4) 教育グループ
　デイセンターでの家族介護者教室，婦人保護施設における料理教室．

5) レクリエーション・グループ

当事者として老人ホームにおけるクラブ活動，障害者の通所施設におけるグループ．

6) 社会目標グループ

社会福祉の発展・向上のために社会的運動を進めている，権利擁護運動グループ．

§2 援助者

援助者は，グループの中心になるのではなく，側面的にグループの活動を支援し，目的達成やニーズの充足へと導く役割を担っている．グループワークは個々のメンバーとグループ双方へ援助が実践されるため，援助者は個別援助技術の原則に加えて集団援助技術の原則に留意しなければならない．また，援助者による専門的なかかわりが，メンバーやグループの活動にどのような効果をもたらしているのかの評価および記録を行うことも援助者の大切な役割である．

1) 集団援助技術の原則

集団援助技術の原則には，(1) 個別化の原則，(2) 受容の原則，(3) 参加の原則，(4) 葛藤解決の原則，(5) 経験の原則，(6) 制限の原則，(7) 継続評価の原則がある．

(1) 個別化の原則

集団援助技術における個別化とは，「グループ内の個別化」と「グループの個別化」の2つを指している．グループを構成する個々のメンバーが個性を失うことなくグループ活動に取り組めるよう，個別にとらえることと，また，グループ全体を通しても同じようなグループであっても他のグループとは異なる独自性を重視することである．

(2) 受容の原則

メンバーはさまざまな価値観・倫理観をもって特有の行動をすることが多い．どのような状況にあろうとも行為の背景を理解し，感情のありのままを受け止めることが，正しく理解することへつながる．援助者か受容的な態度を示すことは，グループが受容しあう姿勢を育てることにもつながる．

(3) 参加の原則

グループ活動に対して，メンバーの自主的・主体的参加を促す．援助者には，メンバー同士が刺激しあって積極的な参加意欲と主体性を育ててあうような環境づくりが求められる．

(4) 葛藤解決の原則

グループ活動を継続する中で，他者から傷つけられたり，グループに抵抗感を感じたりと，さまざまな苛立ちや不安が生まれる．援助者はこうした集団活動の中で生じた葛藤を表出させ，グループ自らの力で葛藤解決に至るように励まし，働きかける．

(5) 経験の原則

グループ活動を通しメンバー間の交流経験がたくさんできるように促す．この経験で自己の存在を再確認し，失っていた自信を取り戻し，次の新しい活動の意欲を生み出す．このように経験によってメンバーの社会的成長を図る．

(6) 制限の原則

メンバーの言動が他者を傷つけたり，人間関係を壊すような場合は，メンバーの言動を制限する．何をやってもよいのではなく，目標に向かう方向からはずれないよう，制限を加えて個々のメンバーが安心してグループ活動に参加できるようにする．

(7) 継続評価の原則

グループ活動を継続的に個々のメンバーの成長を分析・評価し，次の活動へ発展させる．評価するべき点は，① 目標の達成度，② メンバーおよびグループの変容・成長，③ メンバー間の相互作用，④ 援助のあり方や方向性などが

Ⅳ 社会福祉援助の基礎技術　77

まとめられる．

§3　プログラム活動

　プログラム活動とは，メンバーが自分たちの目的を達成するために行う活動（話し合い，ゲーム，スポーツ，音楽，ボランティア活動など）の計画から実施，評価に至るまでの全過程のことである．プログラム活動自体は目標を達成するための媒体に過ぎず，「何を行うか」というよりも「どう行うか」が大切となる（図Ⅳ-2）．メンバーの主体的，自立的な活動を促すため，援助者は，個々のメンバーのニーズ（興味・関心）を優先するとともに，年齢や心身の健康状態，これまでの集団体験などから各構成員のグループ活動の中でできることを把握しておく．そしてメンバーの現状から出発して，メンバーの参加と相互作用の生まれる活動を展開するように努める．

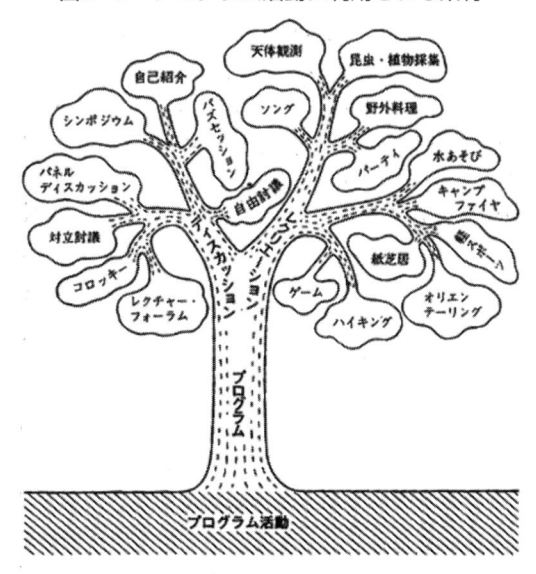

図Ⅳ-2　プログラム活動に利用される素材

出所）大塚達雄・硯川眞旬・黒木保博編著『グループワーク論―ソーシャルワーク実践のために―』
　　　ミネルヴァ書房，1986年，p.80より

§4　処遇グループにおける援助の展開過程

処遇グループの種類によって過程と技術が異なる場合がある．

1）グループワーク実施の準備

(1) アセスメント

グループワークを要すると考えられる人びとの問題・状況をアセスメントする．

(2) グループの計画化

アセスメント結果をもとに，グループをどのように形成していくかの計画である．グループの目標・参加メンバーの範囲・グループ活動の内容・財産・実施場所などについて参加予定のスタッフ間でチーム協議する．

(3) 働きかけ

組織管理者の了解を得て，組織内関係者に協力を依頼，また，必要に応じて地域住民やボランティアなどに協力を依頼する．

(4) プログラムの準備

話し合いのテーマや活動のプログラムを複数用意する．

(5) 波長あわせ

参加予定メンバーが確定したら，一人ひとりの能力・関心・状況などを考えて予備的共感をしておく．グループ活動開始に際し，メンバーのグループに参加するにあたり不安や緊張などの気持ちを察知し受け止め，対処していく．

2）初回のグループワーク

(1) 挨　拶

開始前に会場に入りリラックスした雰囲気で参加者を迎える．

(2) 説　明

参加者に会合設定の目的・進め方・ルールなどを説明する．

(3) 活動とプログラムの決定

用意したプログラムを紹介するとともにメンバーと一緒に活動プログラムを

計画していきたい旨説明する（グループによってはスタッフがすでに決定）．計画の過程においてもメンバーの主体性を最大限尊重するとともに，メンバー間の相互作用が発展するようできる限り見守り，発言を控える．メンバーを傷つけるなどの不適切な発言や課題を大きくはずれる討議などについては介入する．

(4) 終了時の評価

会合に関する評価をメンバーに求めスタッフも発言する．会合は時間どおりに終了する．

(5) 初回のグループワークの評価

スタッフでメンバー間の相互作用状況・雰囲気・リーダーシップなどグループ状態について評価する．

(6) 個別面接の実施

グループ参加前から個別面接を実施していた人についてグループ終了後にも実施する．

3) 継続的取り組み

メンバー間の相互作用やグループのまとまりである凝集性が生まれ，グループの規範が確率するよう促していく．活動に消極的なメンバーに配慮した助言・指導を行う．開始期に形成された援助者中心のグループから利用者中心の

セルフ・ヘルプ・グループ（self help group）

セルフ・ヘルプ・グループ（S. H. G）は，ソーシャルワーカーが中心となって展開する処遇グループではなく，「共通した問題や課題を抱えている本人や家族が，自発的，主体的に集い，活動を展開しているグループ（成清・加納編『現代社会福祉用語の基礎知識（第8版）』学文社，2008年）である．専門職では，理解しにくい，当事者の心情や立場などを当事者観で語り合い共有することで，回復や問題克服に向けたパワーを得ていく場である．S. H. Gの登場は，専門職のともすると権威的になりがちな援助のあり方や関わり方をとらえ直す大きなきっかけとなった．

グループへ移行するよう側面的に援助する．メンバーとグループの状況について評価・再アセスメントしていく．プログラム活動の内容について利用者の希望や意向を確認しながら進める．

4. ケアマネジメント

§1　ケアマネジメントの定義と目的

1）ケアマネジメントの定義

　ケアマネジメントは，保健・医療・福祉サービスを総合的（一体的）に調整して提供し，利用者の地域生活を支援するための社会福祉援助技術である．わが国では，まず，高齢者に対する援助の領域において導入されたが，知的障害者や身体障害者援助の領域においても活用されている．また，地域ケアを推進しようとする動きの中で活用されてきたものでもある．

　ケアマネジメントの定義は多様であるが，白澤政和は，「対象者の社会生活上での複数のニーズを充足させるため適切な社会資源と結びつける手続きの総体」と定義づけた．

　あらゆるニーズをもつ利用者やその家族に対し，社会福祉サービスや施設などさまざまな社会資源がフォーマルおよびインフォーマルなかたちで用意されている．しかし，これらの社会資源を利用するために，複数の問題を抱えている利用者や介護などで疲労困憊している家族は，自ら各サービス提供機関に何度も連絡をとり慣れない各種手続きを行うことは大きな負担となる．利用者の負担を減らし，なおかつ最も適切なサービスを総合的に提供するために，利用者のニーズに応じ，その置かれている状況やライフスタイル，経済的条件などに合わせた適切な社会資源を調整し，総合的な援助の計画を立てるケアマネジメントは非常に有効なものである．ケアマネジメントとは，利用者と社会資源とを結びつけ，調整を行うための社会援助技術である．

　ケアマネジメントにおいて最も重要なのは，利用者のニーズを的確に把握

し，それに合ったサービスを結び付けるということである．「この人は何を必要としているか」という最も重要な視点から外れ，提供可能なサービスの中で受けられるものを安易に提供してしまうことは避けなければならない．

2) ケアマネジメントの登場の背景

　ケアマネジメントは，アメリカでは国立精神保健研究所の活動（1975）から始まり，イギリスでは，コミュニティケアに関する政府白書（1989）に基づき，翌年に制度化された．

　日本では，ノーマライゼーションや QOL の理念を具現化するためには在宅ケアを推進しようとする流れの中で，1984（昭和59）年，ケースマネジメントとしてはじめて登場した[1]．その後，1989（平成元）年，ゴールドプランにケアマネジメント機関として在宅介護支援センターが登場した．

　ケアマネジメントは，当初，ケースマネジメントとよばれていたが，介護保険制度創設の契機となった1994（平成6）年12月の高齢者介護・自立支援システム研究会の報告書「新たな高齢者介護システムの構築を目指して」の発表以降は，国際的な動向もあり，「ケアマネジメント」に置き換えられた．また，地域保健の分野で用いられているケア・コーディネーションも，基本的にはケアマネジメントと同じ援助技法である．このように，わが国におけるケアマネジメントは，高齢者が住み慣れた地域社会で生活できるようにするためのひとつの方法として実施されたのである．

3) ケアマネジメントによる援助の目的と連携

　ケアマネジメントは，各専門職によって実施されるソーシャルワークやグループワーク，コミュニティワークなどを統合し，チームとして各専門職が連携して利用者に総合的・統合的な援助を行うことを目的としている．ケアマネジメントを行うケアマネジャーは援助者チームのコーディネーターとして，利用者に直接働きかける役割をはたす．利用者の生命と生活にかかわるニーズを

包括的に把握し，利用者がそのニーズを解決して安定した日常生活を維持できるように，サービスの一体的利用を援助することが必要とされている．

多職種によるサービスを効率よく提供するため，利用者にかかわるすべての援助者が情報を共有し，ニーズを明らかにするため，ともにアセスメント（事前評価）を行い，問題解決の方針と援助を行うための計画（ケア計画）を作成し，計画の中に明記された役割を各機関の各専門職などが責任をもって遂行する．これが「協働」の技術であり，地域ケアの継続を可能にする援助である．

§2　ケアマネジメントの留意点
1）社会資源の調整

フォーマルなサービスは，保健・医療・福祉の総合支援などにより，社会資源の多元的な供給が始まっているものの，依然として画一的な対応がとられやすい．しかし安定した供給が可能である．

一方，インフォーマルなサポートは，安定した供給はむずかしいが，小回りや融通の利く援助を提供できる．これら社会資源がもっている長所や短所を連携によって補い合う．

ケアマネジメントは，利用者のニーズに合わせ，これらの社会資源を組み合わせて行われる．各社会資源が相互に連携し，ネットワーク化（ソーシャル・サポート・ネットワーク）されてこそ利用者の多様なニーズに対応できるものとなるのである．さらに，連携することによって個々の社会資源の質的レベルは向上し，新たな社会資源の開発にまで可能性を広げていく．

2）ケアマネジャーの基本姿勢

何らかの問題を抱える利用者を，対等な人間として温かい目で見守り，その気持ちに寄り添い，信頼関係を築くという，利用者を擁護する態度はケアマネジャーにとって不可欠なものである．さらに利用するすべてのサービス等において，利用者の基本的人権を擁護されるように配慮していく必要がある．

また，利用者が自らの生活を営む方法について，自分で判断・決定していけるよう，ケアマネジャーは側面から支援することが重要である．最終的にケアプランを了解するのは利用者や家族であり，ケアマネジャーは利用者や家族が最良の決定ができるよう，その過程を支援する．ただし，障害や認知症などによって自己決定や自己主張ができない利用者に対しては，利用者の人権を擁護しながら，利用者に代わり判断を行う必要がある．

利用者の自己決定の支援を通し，利用者が自らの判断で必要なサービスを選択し，自身のもつ能力を生かして可能な範囲で自立して生活していけるように援助することを目指していく．

§3 ケアマネジメントの展開過程

ケアマネジメントの過程では，① エントリー（受付）→② アセスメント（事前評価，課題分析）→③ ケース目標の設定とプランニング（ケア計画の作成）→④ ケア計画の実施→⑤ モニタリングおよびエヴァリュエーション（評価）→⑥ 再アセスメント→⑦ 終結である．

現実のケアマネジメント過程は各段階が重層的に展開され，順番どおり展開されるわけではない．たとえば，エントリーの段階のインテーク面接とアセスメントが同時に行われたり，ケア計画どおりに実施されなかったりすることもある．

1）エントリー（受付）

(1) ケースの発見

ケアマネジメント過程の入り口段階では，まずケアマネジメントを必要としている人を発見する「ケースの発見」がある．

機関に持ち込まれる相談ケースは，① 利用者・家族の当事者が直接問い合わせてくる，② 関係機関等から紹介・依頼される，③ ケアマネジャーが地域に出向き掘り起こして発見する，などの方法で発見される．ケアマネジメントを本当

に必要としながらも，そのことを認識していなかったり，利用方法がわからないでいる認知症老人，虐待などのケースもある．このような潜在的なケースもあるため，援助者が，サービスを必要とする人たちの情報を他職種などとも連携して集め，必要に応じて地域に出向いて発見するリーチアウトの姿勢が大切である．

(2) スクリーニング

次に，緊急なニーズをもっている者を最優先させたり，問題を整理するためのスクリーニング（仕分け）が行われる．その問題が専門的知識・技術を必要とするか否かである．また，複数の社会資源を必要としているか否かなどを判断する．利用者の問題が単一の社会資源で解決できるものであればケアマネジメントよりも，ケースワークのほうが有効である．なお，所属機関で受理できる相談であるのかを見極める必要もある．

(3) インテーク（受理面接）

利用者からニーズの概略を聞きとり，ケアマネジメント過程や援助の内容を説明し，そのうえで了解を得られれば契約をする．これをインテークという．インテークでケアマネジャーが最低限行わなければならないことは，① 利用者および家族の心理的サポートをする．共感，受容，尊重，保障の態度を示し，不安な気持ちを理解して支持する．② 利用者および家族のおかれている状況のおおまかな姿を正確に理解する．相手を理解したいという援助者の態度が表れ，実感されれば利用者の安堵につながる．③ 必要最小限の情報収集を行う．信頼関係のもと徐々に得られていく情報もあるため，最初からすべての情報を手に入れようとしてもむずかしいことが多いため，何について困っているのか，その問題に対してどのように対処してきたのか，何を必要としているのかという問題の本質をまず押さえておく．④ 今後の過程を説明する．援助の目的や内容の説明，ケアマネジャーの役割や責任の説明，情報収集の目的やパートナーシップについての相互理解を図る．

2) アセスメント（事前評価，課題分析）

ケアマネジャーの主観的思考によらず，客観的な事実に裏付けられた情報の分析を行い，利用者のニーズを明らかにして，包括的に援助の優先順位や問題の解決方法を判定することである．

利用者・家族の主訴や，身体的・機能的側面，精神的・心理的側面，社会的・環境的側面におけるさまざまな情報（健康状態，ADL，家族構成，経済状況，現在利用しているサービスなど）を，アセスメント用紙を使用して分析していく．

その際，アセスメント項目に沿っただけのインタビュー的な質問にならないようにする．利用者・家族が取り調べられていると感じるような展開ではなく，利用者・家族のペースで話してもらい，話の中から最初に主訴等の必要なことをつかみ取っていくことが重要である．そのためにも，アセスメント項目は予め頭の中に入れておき，相手のペースで，必要なことを短時間で聴けるように，日頃から訓練しておくことが大切である．

3) プランニング（ケア計画の作成）

ケアマネジャーは，アセスメントの結果に基づき，ケア計画の原案を作成する．これは介護保険制度におけるサービス担当者会議等の検討資料となる．

わが国の介護保険制度を例にとってみると，最終的なケア計画（介護サービス計画）として確定されるためには，サービス担当者会議により，各専門分野のサービス担当者の意見を聞いて，計画に反映させる必要がある．また利用者および家族の意思を反映させることも大切である．彼らの会議への参加が困難もしくは意見が十分に主張できない場合には，ケアマネジャーがその意見を代弁する．利用者のニーズが「いつまでに」「どのように」解決・改善するかなどについて，達成目標や期間を具体的に示し，それを計画作成者・利用者および家族・サービス担当者が共有する．

都合上，担当者間のスケジュールが調整できない場合は電話・ファックス・パソコンなどを利用してサービス計画を作成する方法もとられる．

4）モニタリング

計画が予定通りに実施されているか，目標が達成されつつあるか，内容が適切であるか，新しいニーズが生じていないかなどの点について，ケアマネジャーが状況を把握し，確認する．

5）エヴァリュエーション（事後評価）

ケアマネジメントが適切に実施されているか評価するものである．評価の結果としてあらたな課題が生じたためニーズにサービスが合致していないか，サービス提供方法等に問題のあることなどがわかれば再評価（リアセスメント）して再びケアプランの作成から援助が繰り返される．

6）終　結

事後評価の結果，ニーズが解消されており，当面サービス利用の必要がないと解れば，終結に向かうことになる．終結（サービス利用の終了）が妥当かどうかの判断の際も，利用者の意思を中心にしながらチームの構成委員の参加を得て決定するのが原則である．

ソーシャルワーク論におけるケアマネジメント

ケアマネジメントは，イギリスにおいてはケースマネジメントといわれることが多く，ソーシャルワーク論では，アセスメントから援助計画の立案に至る一連の展開過程に位置づけられるものと考えられていた．しかし，日本では介護保険法の制定以降，ケアマネジャーが独立した職種として設置され，地域ケアシステムの中でも重要な役割を担うことから，その業務が独立した実践過程として，技術論的に整理されるようになった．

5. ソーシャルワーク論における援助過程

§1　個別援助技術の展開過程

　個別援助技術の過程は，1) インテーク（受理面接），2) アセスメント（事前評価），3) プランニング（援助計画），4) インターベンション（介入），5) エヴァリュエーション（評価），6) ターミネーション（終結）である．しかし実際の援助場面では各段階が重層的に展開され，順番どおり展開されるわけではない．

1）インテーク（受理面接）

　利用者と援助者が最初に出会い行われる初期の面接（1回から数回）をインテークという．利用者が抱えている問題を明確にし，援助者やその所属機関の役割を利用者に説明したうえで，援助を受けるか否かについて意思確認をする．

2）アセスメント（事前評価）

　支援を行う前に方向性を立てる段階で，収集した利用者に関する情報（生育歴・生活環境・問題状況など）から問題状況を多面的に分析する．家族関係や近隣との関係，また社会資源との結び付きなどを明確にするために，エコマップやジェノグラム，ファミリーマップなどのマッピング技法が有効となる．

3）プランニング（援助計画）

　プランニングとは，援助の具体的な方法を選定し，援助計画の立案を行う段階である．利用者の意向を尊重し，権利擁護と効果的な援助計画を作成することが重要である．

4）インターベンション（介入）

　援助計画を実際に実行に移す段階で，利用者と利用者を取り巻く環境の相互

の間に入って活動を行う．

5） エヴァリュエーション（事後評価）

一連の援助過程を見直すモニタリング（実践評価）を行い，援助効果が得られていない場合や新たな問題が発生している場合には，援助目標や援助計画を修正し，再アセスメントを行う．

終始に至ると判断された場合には，援助が計画どおりに展開されたか，設定された目標や課題かどの過程達成されたかなど，援助の有効性や効率性を測定するエヴァリュエーションを行う．

6） ターミネーション（終結）

援助過程の最終段階で，問題が利用者によって解決され，問題解決について利用者と援助者とが確認・同意していることなどが条件となる．

§2　集団援助技術の過程

集団援助技術の援助展開過程は，1）準備期，2）開始期，3）作業期，4）終結期である．

1） 準備期

援助者がグループ活動を行うに当たり，グループの計画を立て，メンバーたちと予備的な接触を行うまでの段階を準備期という．メンバーとの波長あわせを行うとともに，メンバーの生活状況，感情，ニーズなどを把握し，問題を明確にする段階である．この段階では，メンバーにかかわる事前資料をもとに，それぞれのメンバーの抱える問題を理解し，グループ活動開始後に起こるであろう問題について，予測しておくことが重要である．さらに，個々のメンバーにアセスメントを行い，具体的な目標を立て評価基準を策定することも必要である．

2）開始期

　実際にグループのメンバーが集合し，グループとしての活動を始める段階である．この段階は，グループの緊張した雰囲気を和らげ，メンバー同士がお互いに知り合うことが目標であり，そのためにもアイスブレーキングの技術などを用いて，メンバー間に安心感や親近感をもたせ，グループの形成に取り組むことが重要となる．また同時に，グループの活動目的や運営方法，援助者の役割などについても理解しやすいように説明を行う．

3）作業期

　メンバーがプログラム活動をとおして自分たちの課題に取り組み，目標を達成していく段階である．この段階では，メンバー間の相互作用が生まれるよう促すことが重要である．メンバー間の相互関係が発達すると，グループの凝集成が生まれる．また，他のメンバーやグループに変化を起こさせるリーダーシップが，一人ひとりに芽生えてくる．さらに，，メンバーの否定的感情や抵抗などが現れ，メンバー間の対立や孤独者の出現など危機的状況が生じる時期でもある．そのような場合には，援助者が介入し，活動過程の軌道修正を行わなければならない．

4）終結期

　グループ活動を終りにする段階である．終結の利用としては，① 目的・目標を達成した場合，② 計画していた回数や期間を充足した場合，③ 援助者が退職や異動等で不在になった場合，④ 参加者が減少し，自然消滅した場合，⑤ グループ活動を継続しても効果が期待できない場合，などがあげられる．この段階では，メンバーの感情を受容し，メンバーとしてグループ活動を振り返るとともに事後評価を行い，適切な援助が展開されたかどうかの確認をする．

§3　地域援助技術の過程

地域援助技術の展開過程は，1) 問題把握，2) 地域診断，3) 計画の策定，4) 計画の実施，5) 記録と評価である．

1) 問題把握

当該地域にどのような福祉問題があり，それを住民がどのように感じているのかを，統計資料や即存の各種資料・社会福祉調査の報告・住民を集めての懇談会などを通して把握する段階である．

2) 地域診断

問題やニーズが発見されると，その解決に向けて「住民の問題意識の程度」「問題の原因」「ニーズと社会資源との関係」が検討される．

3) 計画の策定

地域住民が主体となって取り組める課題で，問題の深刻度や地域への影響度，緊急性や将来性などの視点から優先順位が決定される．そして，取り上げられた問題に対して，具体的な目標を設定し，解決に要する手順や時間，実施主体や活用する社会資源，財源などが詳細に決められていく．計画策定は地域住民と専門家の協働作業として進められる．そのためにも誰もがよく理解できるように問題をより明確にし，地域への啓発活動や広報活動が必要となる．

4) 計画の実践

策定された計画を実行に移す段階である．計画を実行するプロセスにおいては，住民の福祉に対する理解と主体的な活動を図る地域組織化と社会資源の開発および公私の関係機関・施設・団体などの連絡調整を図る福祉組織化の展開が重視される．

5) 記録と評価

記録は，地域援助技術に限らず，あらゆる社会福祉援助活動において，活動の振り返りや確認，分析や再評価などに活用される重要な資料である．一連の援助を通して評価される事項として，目標の達成度，地域診断や計画実施の妥当性，今後の課題などがあげられる．

表Ⅳ-2　その他の社会福祉援助技術の展開過程（谷口）

社会福祉調査	1) 調査枠組みの設定（調査目的を明らかにし仮説の設定を行う） 2) 調査手段の設定（調査の準備・企画） 3) 調査票の作成（調査項目の決定） 4) 予備調査の実施（プリテストともよばれ，試験的調査） 5) 調査実施の基準（関連費用の算出予算立て，調査員の教育等） 6) 調査の実施（①調査地域における調査員の支援・管理，②対象者からの苦情への対応，③回収票の記入内容の確認，④回答者への礼状送付など） 7) 調査結果の整理・分析（回収された調査票を点検し整理分析，調査結果の検証） 8) 結果報告（報告書の作成）
社会福祉計画	1) 構想計画（基本目標の設定であり，計画策定の感想やポリシー，理念などを表現する．） 2) 課題計画（重点課題を示し，基本目標を実施するために重要と思われる優先課題や目標を序列化する．） 3) 実施計画（課題の具体化を意味するもので，重点課題を解決するためのさまざまな施策のことである．） 4) 評価（計画策定や計画実施の過程を評価，検討するとともに，計画実施のために利用した社会資源の効果測定や目標の達成度，ニーズの充足度などを測定する．）
社会福祉施設の運営管理	1) 計画（施設の運営方針に則り，年間計画や事務管理，生活管理などの計画を作成する．） 2) 組織（計画を実現するために，理事会やその他の職員を組織する．） 3) 指導（計画どおりに実行されているか，組織が機能しているか確認する．） 4) 調整（適切な営業がなされているかを評価し，修正が必要な場合には，方法を再度検討し，改善していく．）

社会活動法	1) 主導団体・運動主体の形成(主たる集団および運動体を形成する.) 2) 問題の把握・要求の明確化(学習会,調査,視察などを通して問題の把握,要求の明確化を図る段階である.) 3) 問題の限定・行動計画の策定(主導集団の各メンバーが問題に対する認識を深め,それらを実現していく.) 4) 支持層の拡大(広報活動や宣伝活動を通して世論を喚起し,支援層の拡大を図る段階である.社会活動の成功には,提起された問題にどれだけの者が関心・賛同するかが大きく影響している.) 5) 運動の展開(請願・陳情・署名・集会・デモ等の直接行動を展開する.支持者や支援者の枠を広げ,個人レベルの運動から市民レベルの運動へと成長させる.) 6) 評価(運動の成果を振り返って問題点を総括し,新たな課題を提起する.振り返りには,運動記録が重要となる.)

援助過程の可逆性とアセスメントの重要性

　一連の援助過程は,必ずしも一方向に展開されるものではなく,状況に応じてフィードバックされるものである.たとえば,ある援助行為がクライエントにとって有効でないと判断された場合,援助計画やアセスメントの内容の見直しが必要である.ワーカーは,再度,その段階に立ち戻って,援助の見直しをする必要がある.一連の援助過程が良好な成果をみせない場合には,アセスメント段階での問題把握にズレがある場合が多い.一連の過程においてアセスメントの内容と方法は,きわめて重要な位置を占める.さまざまなアセスメントシートや技法の開発が行われるのもそうした理由からである.

注)
1)白澤政和「地域福祉の推進とケース・マネジメント」『社会福祉研究』第42号

参考文献
岡村正幸・川田誉音編『個別援助の方法論』みらい,1999年
黒木保博ほか編『ソーシャルワーク』中央法規,2004年
福祉士養成講座編集委員会編集『新版社会福祉士養成講座社会福祉援助技術論Ⅰ』

中央法規，2006 年
ユーキャン社会福祉士合格指導講座『社会福祉援助技術』U-CAN，2003 年
柳澤孝主編『臨床に必要な社会福祉援助技術』弘文堂，2006 年
岡本民夫編『社会福祉援助技術総論』川島書房，1999 年
渡部律子『高齢者援助における相談面接の理論と実際』医歯薬出版，1999 年
大塚達雄ほか編『グループワーク論』ミネルヴァ書房，1999 年
小林郁子・大嶋恭二・神里博武『社会福祉援助技術』ミネルヴァ書房，2007 年
平岡公一ほか編『社会福祉キーワード』有斐閣，2003 年
白澤政和『ケアマネジメントハンドブック』医学書院，1998 年
白澤政和編『ケアマネジャー養成テキストブック』中央法規，1996 年
白澤政和等『ケアマネジメント』中央法規，2002 年
岡本祐三監訳『高齢者機能評価ハンドブック』医学書院，1998 年
岡本祐三他『高齢者医療福祉の新しい方法論』医学書院，1998 年
白澤政和ほか『ケアマネジャー実践ガイド』医学書院，1997 年
諏訪茂樹『援助者のためのコミュニケーションと人間関係』建帛社，1995 年
福祉士養成講座編集委員会編集『新版社会福祉士養成講座社会福祉援助技術論Ⅱ』中央法規，2007 年
長崎和則・辻井誠人・金子努『事例でわかる精神障害者支援実践ガイド』日総研出版，2006 年

V 社会福祉援助の内容と構成

1. 社会福祉援助と制度・政策とのつながり

　ソーシャルワークとは何か，という問いに対して，一般的には目的，対象，価値，倫理の4つから説明されることが多い．このほか，知識や技術，ソーシャルワークの機能といった内容から，ソーシャルワークを説明しようとする論者もいる．

　そもそも伝統的なソーシャルワーク論は，精神分析学を基礎とする人間の内的世界を中心とするミクロな問題関心から，歴史的に，社会関係や生活条件など，社会的な諸条件とのつながりを意識しながら構築されてきた．特にソーシャルワーカーによる相談援助活動については，まず相談について精神分析学やカウンセリングの理論が応用され，ソーシャルワークの基礎が形成された．近年は，援助の方法について，エコロジカルアプローチやストレングスパースペクティブ，エンパワーメントアプローチなどアメリカを中心として，いくつかのソーシャルワーク理論の展開がみられるようになっている．いずれも人間発達に関する諸理論を軸に，米国における社会理論がソーシャルワークに応用されたものである．

　しかし，今日では，個別の援助に深くかかわりつつも，地域社会や当事者集

団といった中間的なレベルの抱える問題もまたソーシャルワークの重要な課題となっている．たとえば，社会的排除の対象は，低所得層を中心としつつも，家族の崩壊や児童・高齢者の虐待問題など，必ずしも所得階層のみでとらえることはできなくなってきていることや，さまざまな市民運動や障害者運動においても，当事者同士の意見の違いや対立がみられるようになってきている．こうした問題状況を鑑みたとき，社会福祉援助の今日的課題は，個別の援助関係におけるクライエントの尊重という視点や理念を，単純に地域集団や社会に拡大適用しただけではとらえきれるものではない．

従来の社会福祉学の中では，こうした制度・政策のあり方と個別の対象者への援助の原理とは別々の理論体系の下に組み立てられてきた．そして，その接合に関する研究は十分ではない．また，個人の心理的内面をアセスメントし支援する技術と地域社会の問題を調査し支援する技術もまたそれぞれ別の理論に大きく依拠している．このような学問と実践の動きの中で，1987（昭和62）年に社会福祉士及び介護福祉士法が制定されて以降，市民の抱える生活問題の困難な現状とそれに対応する福祉専門職のあり方が大きく問い直されてきている．言い換えれば，今日の生活問題の特性に応じた援助のあり方が理論的実践的に改めて構築されなければならない時代を迎えているといえよう．

以上のような問題意識から，社会福祉援助実践の構成を，制度・政策の立案にもつなげうる，現代社会における生活問題への個別的社会的対応としてとらえ，主として，1970年代より一貫して，社会福祉理論の総体と無理なくつながる方法・技術論を追求し，その内容を生活問題の解決・緩和を軸に編成する作業に取り組んできた窪田暁子の理論を足がかりに，その技術的手段や方法，および内容や組み立てについて整理する．

2. 生活問題に対応する社会福祉援助の内容

ソーシャルワーク論において，援助技術は，これまで，ソーシャルワーカー

の立場から整理・分類され，その適用方法が議論されることが多かった．しかし，窪田は，従来のソーシャルワーク論における技術論とその展開方法について，技術そのものの有効性を前提としながらも，それを援助者の立場からではなく，クライエントやサービス利用者の生活問題の状況に応じて，以下の5つの領域に分類して編成し直すことを提案している[1]．

(1) 日常生活の危機における応急処置（日常的な生活維持機能の一時的代行，緊急援助から，心理的恐慌時の指示・援護までの幅広い領域を含む）

(2) 問題状況のアセスメント（単に援助計画立案のための準備や情報収集としてでなく，これ自体がひとつの強力な援助であることを認識し，生活問題を担っている当事者との共同作業であることを前提としたアセスメント）

(3) 生活条件の確保（所得・住宅・医療などの保障と日常的な支援，介助・介護などの人的サービスの継続的，組織的保障を含む）

(4) 生活能力の発展・強化（系統的な教育，訓練からカウンセリングに至る幅広い諸活動を含む）

(5) 社会福祉および関連の政策，行政，運動への提案，活動とその組織，協力

窪田は，このうち，(3)と(4)を統合的に行うことが社会福祉援助の中核であること，援助の行われる機関や対象の特性，職種の違いや地域の他機関の状況によって，それぞれの比重の差はあっても，社会福祉援助とよばれるものであるかぎり，この5つを含んでいるはずであり，どの援助もこの5つの領域のどれかに属するものであるとしている[2]．

さらに窪田は，社会福祉援助は，生活の中で提供されるさまざまな援助である．看護，介護，保健教育，社会教育等の援助活動とも共通の要素をもち，技術と理論も共通のものがあると，指摘している．ゆえに，生活の中で提供される援助は，本来，さまざまな援助専門職による援助活動が，共通基盤と相互の重なり合いをもって提供されるものであって，援助専門職全体として個別的かつ集団的に取り組むべき活動であると説明している．さらに，そうした生活支援に取り組む援助専門職の共同・協業の観点から，ケースワークやグループ

ワークをはじめ，カウンセリングや介護といった個々のミクロな対人援助の技術的要素を，すべて「社会福祉の専門技術」として狭く限定しない方がよいとして，社会福祉援助の専門性を，これらのミクロな技術的要素を，生活の再建や生活問題の解決・緩和といった目標に応じて統合的に編成する点にある，という考え方を示している．

今日，「Well-Being」を実現するための関連諸科学における新たな実践的展開についても「福祉」の名称が付されることが多い．このような市場化にともなう「福祉」の拡大とその下で業務に携わる職種の多様化といった状況の一方で，生活保護基準以下での生活を余儀なくされている人びとへの自律的生活への支援，児童や高齢者の虐待や家族問題など，市場になじまない上に，きわめて高度の専門的チームワークが要求されるソーシャルワークの課題も山積している．

社会福祉士や介護福祉士，看護師といった一つひとつの専門職業制度ごとの職種の立場を超えて，市民の生活の中で提供されるさまざまな援助を，各種専門職の共同・協業の課題としてとらえ，援助専門職共通の専門性をとらえようとする窪田の認識は，今日の市民生活の課題と社会福祉援助の必要性を鑑みたとき，きわめて重要な示唆を含んでいる．

3. 生活問題解決の時間軸に沿った援助の組み立て

援助専門職が，どのような援助をすべきかは，対応すべき生活とその問題状況に依存する．一般にソーシャルワーク論では，「ニーズ」という言葉が用いられ，それに対応すべく援助が構築される．「ニーズ」は，すでに社会福祉学の中でも一定の概念規定がなされているが，あくまでも学問的なものであり，それをそのまま専門職の臨床的な認知判断の指針として用いるには無理がある．また，個別の生活問題の状況を，社会的な施策とつなげて理解するためには，個別の生活問題もまた，社会的な生活条件とのつながりで表現できるよう

に理論化する必要がある．そのような観点から，ここでは「ニーズ」ではなく，生活問題という言葉で援助を必要とする状況を説明する．

窪田は，前述の社会福祉援助の内容を，「生活課題解決の時間軸」に即して，次のように系統立てている[3]（以下，各項目の解説は吉浦による）．

§1　緊急援助

1）24～48時間（1～4日程度）の危機とそれへの対応

生命にかかわる救急医療の対応や，急な疾病や事故，介護者の急病，入院といった急性の出来事を中心にして，その生命と生活の緊急事態への対応と組織である．家族による緊急事態への対応としては，急な有給休暇の取得は，一般的な労働条件の下では2～3日であること，子どもを隣近所や親戚に預けるといったことも，緊急事態として行えるのは2～3日である．つまり，多少の無理をしてでも緊急に組織される一時的な支援体制を念頭に置いている．それ以上の期間を要する体制の確保には，次のインターバルにかかる日常的な援助体制の組織が必要となる．

2）3週間程度（2～4週間）を単位とする問題解決過程と援助

緊急事態への対応を経て，ある程度，その事態が長期的なものか短期的なものかの一応の初期アセスメントが可能となる期間である．一般的には疾病にもよるが，軽度の症状であれば，地域の一般病院への入院は，長くても2～4週（おおむね1ヶ月程度）である．脳卒中のリハビリテーションにおいても，初期の1ヶ月で長期的な見通しは，医学的にも可能となる頃である．ケースワークをはじめとする個別的な援助を十分展開する期間としては短く，短期・長期的な問題状況の横断的なアセスメントと援助計画の立案だけに終わることも多い．近年，長期入院の是正の動きが強まる中で，一般病院における医療ソーシャルワーカーは，この期間のかかわりで終わることも多くなっている．

§2 短期的援助

1) 3ヶ月程度 (1～4ヶ月)

　たとえば長期の休職期間をとる場合においても，一般的には1～3ヶ月がひとつの目安になるし，3～4ヶ月は，日本においては季節の変わり目をも形成している．ゆえに衣食住の生活物資やその内容・補給体制もまた3～4ヶ月の内には見直しが必要となる．措置制度の時代に特別養護老人ホーム入所者が措置を受けたまま入院可能な期間も，まずは3ヶ月が基本であった．家族の新たな協力体制の構築や，新規に在宅介護をはじめた家庭においても，介護者が一定の技術を習得し，自分なりのペースで介護生活を営んでいけるようになる最低限の期間もまた3ヶ月程度である．問題状況を切り抜け，新たな生活を再構築するのに必要な最低限の期間といえる．ゆえにソーシャルワーカーにとっては，これまでの経過のモニタリングと今後の長期的見通しについての再アセスメントを行わなければならない重要な節目となる．

2) 6ヶ月程度 (5～10ヶ月)

　一通りの危機を脱し新たな生活を形づくっても尚，引き続く課題がある．比較的重い後遺症が残る脳卒中のリハビリテーションにおいては，3ヶ月を超えて6ヶ月の入院リハビリとなることが多く，その場合，複数の医療機関に入院をすることになる．病気療養や休業が6ヶ月になると3ヶ月の時点とは違った生活条件の整備が必要となる．家族も社会のさまざまな組織もまた取るべき体制が違ってくる．職場においても，3ヶ月は業務内容の変更や配置転換なしに，復帰を待っていてくれる会社でも，問題が6ヶ月に及ぶと体制の変更を迫ってくるものである．

§3 長期的援助

1) 1～2年程度（3年ぐらいまで）

　日常的には意識しにくいが，1～2年の経過で見守り，取り組まなければならない課題である．基本的には人間の成長と発達にかかわる課題は，このスパンでとらえる必要がある．たとえば，集団の中での子どもの人間的成長や協調性，社会性などの発達，子育てで悩む母親の成長，介護者が自分なりのスタイルを身につけ，自信と見通しをもち，価値を見いだしはじめる，こういったことがある程度定着して，経過的にとらえられるようになるのに必要な期間である．

　さらに，多少無理な体制・関係の中で，構築したライフスタイルの限界がみえ始めるのもこの期間である．たとえば，子どもの受験に向けて，家族が協力する体制を取るなどのことも最低1年，最長で3年の期間であるし，夫婦間のトラブルを抱える家庭が，子どものためと無理をして家族関係をだましだましつないでいけるのもこの程度の期間である．

　近年，新たにこの期間で考える必要のある取り組みのひとつに地域および当事者の組織の形成とその活動の定着がある．組織活動やコミュニティワークにかかわるものであり，これらの活動は，その初期評価には，まずは1年間程度は，活動経過を見守る必要がある．

　その後の活動の目標の再設定や展開に応じて，2～3年の経過を見守りながら取り組むことが求められる．

2) 5～6年程度

　児童養護施設において，小学校低学年で入所してきた子どもが，施設の生活を通して成長し，やがて中学に入学し，友人に囲まれ生き生きとした生活を送る，といった状況や，やがて卒業し，就職するといった人生の経過の中で，問題行動の消失や人間的成長，人格の形成・変容などの変化に気づかされることがある．このような課題は，結果として5～6年という期間があったとしても，

実際に臨床の場面では，むしろ一生かかってかわるかどうか，の課題としてとらえ，生涯にわたる無制限長期の目標として設定することが多い．その経過観察のひとつの節目が5～6年といえよう．

このような時間軸に沿った援助の組み立ては，問題状況のアセスメントおよびそれに基づく援助計画の立案にあたって，必要不可欠なものである．援助者は，まずは，援助を必要とする事態の緊急性を見極め，次に直面するクライエントの問題状況を，その解決の見通しや経験的予測などから，いくつかの課題に整理してとらえる．その際，問題解決の時間軸に沿って，課題が整理されるのである．

窪田は，このほかにも，本人のライフヒストリーの中での今現在の状況をとらえること，援助にかかわる関係者の範囲を念頭に置いて組織を行うこと，この2つを援助の組み立てにあたって必要な要素としている．

このような認知的作業は，ソーシャルワーカーだけでなく他の援助専門職にも共通の内容である．援助課題は，狭義の社会福祉制度にかかわるものだけで

ニーズ (needs)

　成清・加納編『現代社会福祉用語の基礎知識（第8版）』（学文社，2008年）によれば，ニーズは次のように説明される．「人間が社会生活を営むうえで必要不可欠な基本的要件を欠いた場合，発生するのがニーズである．ニーズは福祉サービスに対する必要，要求，需給，需要，困窮等と訳すことができ，その性質によって分類される．主なものとして，潜在的ニーズと顕在的ニーズ，規範的ニーズと比較的ニーズ，貨幣的ニーズと非貨幣的ニーズがあげられる．また，ニーズを把握することにより，サービスの方法もミクロ的視点にたった個人，家族などの個別的援助と集合的にとらえるマクロ的な視点の政策的対応とがある」．但し，ニーズという言葉は，臨床の場で多用されるにもかかわらず，学問的には理論的な概念を主目的として検討されてきた．そのため，臨床的な判断やアセスメントにおいて，ニーズという言葉を用いる場合には，スタッフ間での共通理解が必要である．

はなく，所得保障や医療を含めた生活の全般にわたるものである．したがって，他の援助専門職，医師や看護師などにおいても，問題解決への大まかな道筋とそれに必要な期間について，概略的な理解をもっている必要がある．さらにソーシャルワーカーは，そうした援助と問題解決の見通しを，生き生きとした説得力のある言葉で他の職種に説明できる力量を形成していかなければならない．

4. 生活問題把握の視点

　援助専門職の中でも社会福祉を基盤とする専門職にとって，その専門性を裏付ける要素が生活問題把握の視点にある．援助専門職は，生活の中で，求められる援助を他の援助専門職と共同しながら提供する．ソーシャルワーカーの場合，人間と生活という漠然としたものを対象とするため，自然科学的な技術から専門職制度を論じることは困難である．無理に説明しようとすれば，結果的に臨床心理学やカウンセラーとどのように違うのか，という問いが表面化することになる．労働の現象的な姿形からではなく，その前提となる問題認識において，専門性をとらえることも必要である．

　窪田は，社会福祉援助に求められる専門性として，生活の全体性の認識と諸問題間の相互連関性の認識，この2つをあげている．この2点を手がかりにしながら，試論的に今日の社会福祉援助に必要な生活問題把握の視点を再構成したものが，以下の5点である．

§1　生活問題の全体性と機能（部分）性

　生活の全体，といっても漠然としているが，これは生活問題の発生と解決にかかわる関係者の人間関係の範囲とその問題状況の時間的な経過を全体としてとらえる，ということである．生活問題の空間的時間的広がりといえるだろう．一方，クライエントの訴えや援助者が直面する問題状況は，その中できわめて部分的な状況として表現される．

たとえば，子どもの不登校は，単に学校での子どものいじめや人間関係の問題としてだけとらえることはできない．その背景には，親のネグレクトや依存症，それにともなう経済的基盤の弱さなど，家族機能の不全を含めた多面的な家族問題があり，それが子どもを通して表面化しているというような，いわば氷山の一角である場合も多い．この視点は，後述の問題の相互連関性ともかかわる視点である．

§2 問題の相互連関性

問題の相互連関性は，社会的レベルと個別的レベルの2面からとらえることができる．

個別的レベルでの相互連関性は，① 生活問題の全体性と機能（部分）性において，個別に現れてくる問題相互のつながりを意味する．前述の事例であれば，親の依存症→子どもの養育機能の不全→子どもの不安の増大→子どもの対人関係の困難さ→不登校といった，一つひとつの機能的な問題があり，それらがひとつの問題の発生原因を形成したり，別な問題を悪化させたりしている．家族問題についていえば，家族関係は相互影響的なものであり，しかも外の世界に対して閉鎖的でもあるため，ひとつ何かが歪み始めると家族全体に問題が波及し，二次的な問題が引き起こされる可能性が高くなる．家庭内に発生する問題は，相互につながっているため，今現在単独で発生しているとしても，放っておけば次の問題が引き起こされることもある．ゆえに，一つひとつの問題をばらばらに扱うことはできないのである．

この認識は，ソーシャルワーカーがクライエントとその生活に関する断片的な情報から生活問題の全体像を仮説的にとらえる際に重要となる．たとえばアルコール依存症者がいれば，その夫婦や家族における関係の問題があり，その影響・被害が子どもたちの世代におよぶことは理論的にも明らかになっている．ソーシャルワーカーは，こうした知見を問題状況を全体的にとらえる際のツールとして用いている．

社会的レベルの問題は，個別的な相互連関性が，ひとつの事例における事象としてではなく，社会的な現象としてとらえる視点である．たとえば，出身世帯での生活保護の受給→中卒など低い学歴→不安定就労→本人の生活保護受給，といった所得階層と教育の条件とが社会的に密接につながりがあり，親世代の社会的不利が子ども世代に引き継がれる傾向があることはすでに明らかになっている．

§3　個別性と一般性

ケースワークの原則として，個別化は重要であるが，生活問題を把握する場合には，一般的な市民生活の状況についての認識は不可欠である．なぜなら，クライエント自身も気づいていないような生活の中で培われた特異な生活習慣や問題性を，専門職が理解するためには，客観的な認識として，その特殊性をとらえておく必要があるからである．他と比較して，生活問題の深刻さやその特徴がきわめて大きい可能性があり，そのことによって，問題性の強さや援助の困難性を推し量ることができる．これはクライエントを差別したり，人間的に審判する態度とは異なる．

もうひとつは，ある要因aに関する状況は，他の同様のケースにおいても違いはないが，要因bに関しては，ある特定のケースだけ，十分な結果が出ないことがある．たとえば，入院リハビリから，退院して外来リハビリに移行する患者の中で，多くは一定の納得をして移行するが，中にはかたくなに外来への移行を拒否して入院にこだわる患者・家族がみられる．このような患者・家族には，他の患者・家族とは異なって入院に固執する何らかの事情がある場合が多い．この視点がない場合，一般的ではないケースは，ソーシャルワーカーにとって，援助すべきケースではなく「厄介なケース」になってしまう．

§4　専門職との関係性

基本的には，個人・家族の生活条件に依存して生活問題はとらえることがで

きるが，中には援助専門職の技術の不足やかかわり方の問題から，生活問題をより深刻化させている場合がある．援助者のかかわりも，生活問題を発生させる要因となる可能性があり，ゆえに社会福祉援助にあたって，クライエントの生活問題をとらえる際には，客観的な問題把握だけでなく，ワーカー自らのかかわりをも含めて問題をとらえる視点が必要である．従来はこれらは，ソーシャルワーカー個人の態度の問題としてとらえられ，自己覚知の重要性が指摘されてきた．しかし，今日，この視点は援助専門職全体が個別的集団的に担うべきものである．

§5 構造認識と生活の創造性

生活問題の解決には，問題構造の解明だけでなく，解決の方法の構築が問われる．基礎医学のように問題を発生させる原因（たとえば病原菌）を突き止め，その病原菌を死滅させる薬剤を開発することができれば治癒する．問題解決が問題構造の認識に大きく依存する例である．しかし，生活問題は，その問題構造の解明だけでなく，その解決方法は，生活をどのように再建するか，地域や社会をどのような方向に創造してゆくのか，私たちの考え方や思想が問われる．社会福祉援助には，一定の構造認識に立脚しながらも，問題を担う人びとやかかわる人びととの新たな創造的世界観もまた重要になってくる．だが，クラ

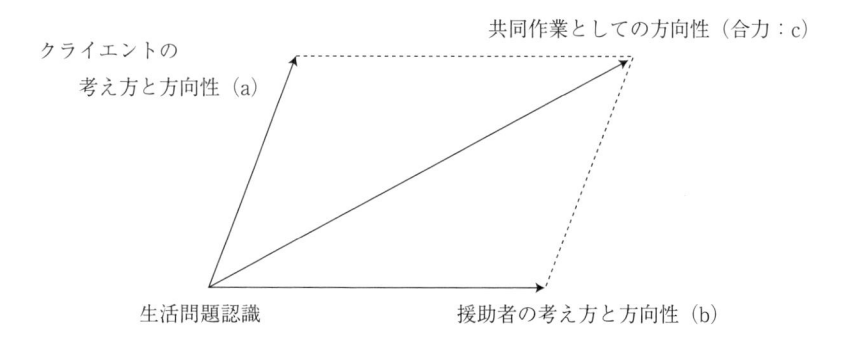

図Ⅴ-1 クライエントと援助者の共同作業

イエントの意識と援助者のそれには異相がある．実践のあり方は，それら関係者のベクトルの合力として表現される．生活問題の認識は，そのような共同作業の出発点である．

注）
1) 窪田暁子「社会福祉方法論の今日的課題―社会福祉実践の構造―」『日本の子どもと児童相談所　第10回児相研セミナー報告書』児童相談所問題研究セミナー実行委員会，1984年
2) 窪田は，その後，5つの内容を見直し，以下の8つの分類を提示している．
　　1　危機における応急処置
　　2　生活の再設計・再編成過程への援助と条件整備
　　3　「ゆるい支援ネットワーク」と「危機介入ネットワーク」の形成と維持
　　4　乳児から思春期までの社会的養護
　　5　日常生活介助・介護の継続的・組織的提供
　　6　施設生活の組織と援助
　　7　地域活動およびボランティアの組織・支援
　　8　ターミナルケアをめぐる援助
3) 窪田，前掲書

参考文献

窪田暁子「医療福祉―医療ソーシャル・ワーク―」『講座社会福祉4　社会福祉実践の基礎』有斐閣，1981年

結城俊哉・岡村正幸・植田章編『社会福祉方法原論』法律文化社，1997年

吉浦輪「社会福祉調査（ソーシャルワーク・リサーチ）の理論と技術」『社会福祉援助技術論（下）』川島書店，2004年

VI 地域における社会福祉援助の展開

1. 地域福祉実践の対象と担い手

　社会福祉の支援は，おしなべて地域社会をベースとして展開される．私たちの生活は地域社会を基盤として成り立っているのであるから，すべての社会福祉援助は地域社会と切り離して考えることはできない．

　本章では，心身の状態がどのように変化しようとも安心して暮らし続けられる環境づくり，そのためのつながりづくりの方法として，コミュニティワークを中心に，地域における福祉実践の方法について考えたい．

　2000（平成12）年に成立した社会福祉法により「地域福祉」は初めて法律上の用語となった[1]．法律に位置づけられる以前から「地域福祉」という用語は社会福祉の実践の場では頻繁に用いられてきた．社会福祉法では地域福祉を「地域における社会福祉」と規定しているが，その言葉の示す意味は非常に幅広く，用いられる場面により指し示す意味・解釈はさまざまである．地域福祉を推進する目的は，ノーマライゼーション原理を具現化したコミュニティである「福祉コミュニティ」の形成であるといわれる．福祉コミュニティについても複数の定義があり概念規定をめぐって議論が交わされているところであるが，ここでは「福祉コミュニティの理念は，共生をキーワードとするノーマライゼー

ションの原理を，コミュニティ・レベルにおいて実現することである．そのためには，地域住民の自主性と自己責任の原則に基づく主体的なコミュニティへの参加を基盤とした，行政や企業を含めた地域の構成メンバーによる公私協同の体制がなくてはならない」とする杉岡直人による概念規定を紹介しておく．

牧里毎治は，「社会福祉が目的や目標を表すのか手段を意味するのか意見が分かれるように，地域福祉も望ましい状態の記述であったり，目標に達成すべき方法・施策であったりするが，必ずしも系統的で一貫性のある理論的説明に到達しているとはいえないのではないか」としたうえで，地域福祉固有の援助・支援対象の明確化を試み，「地域福祉の固有とすべき援助・支援の対象を仮に「住民であること」「住民であり続けたい」というニーズとするならば，まさしく地域福祉の課題は，貧困者であれ高齢者，児童，障害者であれ，地域社会に暮らす住民であることへの保障であるといえるだろう[3]」と指摘する．社会福祉法第4条では，「福祉サービスを必要とする地域住民が地域社会を構成する一員として日常生活を営み，社会，経済，文化その他あらゆる分野の活動に参加する機会が与えられるように，地域福祉の推進に努めなければならない」とされ，従来は保護の対象とのみ見なされがちであった支援を要する人たちが，ともに地域社会を構成する存在であることが改めて強調されている．そのために必要なことは，福祉的支援を必要としている人であっても，手を差し伸べることが可能な立場の人であっても，同じ住民であり「すべての人が等しくかけがえのない存在である」という価値観を私たち住民が共有することである．

地域における福祉実践とは，現在支援を要する人たちに対して直接的に支援することのみではなく，地域社会に暮らすすべての人たちが，福祉理念を理解し，正確な知識や情報を得ることによって偏見や差別をなくし，そこに暮らす私たち自身が社会を創っていく主体であることに気づき，活動や行動につなげる働きかけであるといえよう．すなわち，地域における福祉実践の対象とは，地域住民すべてであるといえる．

では，その実践を担うのは誰なのか．社会福祉法第4条では，「地域住民，社会福祉を目的とする事業を経営する者及び社会福祉に関する活動を行う者は，相互に協力し」て「地域福祉の推進に努めなければならない」としている．担い手の筆頭は地域住民であることが明記され，社会福祉サービス事業者やボランティア活動者，NPO等関係各所と協力して課題に取り組むこととされている．地域社会に住む人たち自身が，必要性に気づき，動くことでしか地域社会は変えられない．地域における福祉実践の担い手の主役もまた，地域住民なのである．

しかし，私たちは，自らが地域福祉の担い手であり対象であることになかなか気づくことができない．ときに，共通の大きな課題に直面すること（公害・災害・自治体の財政破綻ほかにより，主権を侵害されかねない環境におかれたときなど）で，課題に気づき行動を起こす人びとが地域住民の活動を牽引していくことがある．しかし，課題が顕在化していないとき，あるいは構成員にとって共通の課題であると認識されにくいとき（在宅介護，犯罪被害，薬害，難病，過疎，地域経済の停滞 ほか）などには，多くの住民が課題に気づくための，また行動を起こすためのきっかけが必要となる．そのための専門的な技術が，コミュニティワーク，あるいは地域援助技術等とよばれている技術であり，これら専門的技術を用いて支援活動を行う専門職をコミュニティワーカーとよぶ．

その実践は多様な展開を見せることから端的に把握することはむずかしいが，次項では日本の地域福祉実践に影響を与えた理論を中心に紹介しながら，今日までの地域福祉実践のあゆみをふり返ってみよう．

2. 地域福祉実践の方法

§1 コミュニティワークの歴史的展開（コミュニティワークと近接する概念）

日本のコミュニティワーク理論は，第2次世界大戦後アメリカから導入した理論を基盤として，日本固有の実践を踏まえて形成されてきた．

アメリカでは地域活動を支援するソーシャルワークの専門技術としては「コミュニティ・オーガニゼーション (community organization)」(地域組織化活動) が用いられてきたが，イギリスでは「コミュニティワーク」という用語が，アメリカでいう「ソーシャル・アクション (social action)」に近い意味で用いられており，アメリカにおける「コミュニティワーク」に近い概念として「コミュニティ・ディベロップメント (community development)」という用語が用いられてきた．

コミュニティワークの源流は，1869年にロンドンで結成されたCOS (Charity Organization Society) 運動や1884年にバーネット (S. A. Barnett) らによって設立されたロンドンのトインビー・ホールなどのセツルメント (settlement) 運動などに求めることができる．イギリスで始まったCOS運動は，1870年代にアメリカにも導入され[4]，全米に拡大していった．この活動に採用された慈善活動の調整・組織化，有給職員やボランティア活動者による友愛訪問活動，ワーカーの専門的訓練などは，その後のケースワークの発展に大きな影響を与えるものであったが，ことに慈善活動の組織化が後にコミュニティオーガニゼーションとして理論化されることとなる．

1939年の「レイン報告書」[5]において，社会福祉資源と社会福祉ニーズとの間の効果的な調整をもたらし維持することがコミュニティ・オーガニゼーションの目標であるとする「ニーズ・資源調整説」が紹介された．シカゴなど6つの都市における実践・研究に基づくレイン報告では，名称の選択について議論がなされ，結論として"community organization"という語が用いられた[6]．「ニーズ・資源調整説」は，社会計画との相違を示し，ソーシャルワークとして固有の機能を明確にした．その後，1947年にニューステッター (W. Newstetter) らにより，地域社会内のさまざまなグループ間 (インターグループ) を調整することにより，ニーズの充足や社会的目標の達成を図ることを目的とする「インターグループワーク説」が発表された．これは今日の社会福祉協議会 (以下，社協) などにおける「協議会方式」の基礎となる概念である．インター

グループワーク説においてワーカーの役割とは,「ワーカーが働きかける場合,インターグループ内でメンバーがよい関係をつくりだすように援助すること,メンバーが代表する諸グループとその代表者の間でよい専門的な関係が適切に展開するよう援助すること,インターグループ自体の発展・維持を図ることなどの任務が生じる」とされている[7].

そして,1955年にロス(M. G. Ross)が著書において,コミュニティ・オーガニゼーションを理論化し「コミュニティが自ら,その必要性と目標を発見し,それらに順位をつけて分類する.そしてそれらを達成する核心と意思を開発し,必要な資源を内部外部に求めて,実際行動を起こす.このようにしてコミュニティが団結協力して,実行する態度を養い育てる過程」であるとした[8].ロスの見解は「組織化説」を代表する理論となり,その著書は,岡村重夫によって1963(昭和38)年に『コミュニティ・オーガニゼーション―理論・原則と実際』として邦訳,出版され,日本における地域福祉活動の理論的拠り所となった.

§2 日本における地域福祉活動

日本の地域福祉活動の源流をどの時代に求めるかについては諸説ある.日本の慣習では,高齢者や心身に不自由のある人は家族や親族により扶養され,身寄りのない者に対しては権力者や宗教者による救済が行われてきた.人びとはその暮らしの中で地縁・血縁関係を中心に互いを支えあってきた.住民による相互扶助組織としては「講」「結(ゆい)」などが知られている[9].

1945(昭和20)年の第2次世界大戦終結後,GHQ(連合国最高司令官総司令部)主導で日本の社会事業施策は大きな変化を遂げる.民法の改正により,旧来からの「家制度」の解体が目指され,近隣づきあいにも変化が生じ始めた.住民にとっての実質的な生活単位でもあった町内会は,戦時体制の行政下部組織として役割を担ったとしてGHQの方針により制度としては廃止されている[10].この方針に従い町内会(隣組・部落会など)が実質的に機能を失った地域もあるが,地縁に基づく組織として実態としては存続した地域も多い.

現在の法的位置づけは，町内会や自治会は民法上における権利能力なき社団，任意団体である．近年では，地縁に基づくつながり，コミュニティの重要性が再認識されてきたこともあり，平成3年に地方自治法が一部改正され，一定の要件に該当すれば，市町村長の認可を受け，法人格を取得できることとなった（第260条の2第1項）．住民活動の自律性を強調する意味で自治会という呼称を用いている地域も多い．1949（昭和24）年，GHQは「社会福祉行政に関する6項目提案（通称6項目提案）」を示し，社会福祉における国家責任の明確化とともに国民が参加する民間社会福祉の促進を促した．住民が社会福祉に参加するための組織として，福祉団体三団体が統合し，1951（昭和26）年に中央社会福祉協議会（現：全国社会福祉協議会）が発足した[11]．その組織活動は，アメリカから導入されたコミュニティ・オーガニゼーションに沿って展開された．当初は「ニーズ・資源調整説」，「インターグループワーク説」を手がかりとしつつ，やがて1963年に岡村によって邦訳されたロスの著書により「組織化説」が社協活動の理論的拠り所となっていった．

1951（昭和26）年に制定された社会福祉事業法（現：社会福祉法）において，中央社協と都道府県社協が規定された．法律には規定されなかったものの郡市区町村社協が各地で次々と結成されていった．1960（昭和35）年の全国都道府県社協組織指導職員研究協議会（通称：山形会議）において社協の活動原則が議論され，1962（昭和37）年に「社会福祉協議会基本要項」としてまとめられた．ここで「住民主体の原則」が明示された．1992（平成4）年に「新・社会福祉協議会基本要項」がまとめられているが，「住民主体の原則」は社協活動の基礎をなす概念として継承されている．

1960年代後半から1970年代は，高度経済成長の影で崩壊していく地域コミュニティを見直す機運が高まり，また身近な地域社会における福祉サービス（コミュニティケア）のあり方が検討され始めた時期である．1969年に国民生活審議会調査部会が『コミュニティ―生活の場における人間性の回復―』を報告し，71年に自治省が『コミュニティ（近隣社会）に関する対策要綱』を発表してモ

Ⅵ　地域における社会福祉援助の展開　113

デルコミュニティ事業を展開するようになるなど，コミュニティが政策レベルでとりあげられるようになった．近隣関係が希薄になった都市部，伝統的な地縁・血縁関係が色濃い地方など，それぞれの地域特性に応じた活動が展開された．

　実践方法の呼称については，1950年代頃から社協の活動である「地域組織化」の手法として「コミュニティ・オーガニゼーション」が定着していたが，その後イギリスの影響をうけつつ，「地域組織化」より広い概念を表す「コミュニティワーク」の使用が一般化してきた．1987（昭和62）年の「社会福祉士及び介護福祉士法」の制定により，コミュニティワークに該当する言葉として「地域援助技術」という用語が用いられるようになったが，近接する概念である「コミュニティ・オーガニゼーション」「コミュニティ・ディベロップメント」などとの関係など充分には整理されていない状況のまま今日に至っている．

　1990年代に入ると，社協は協議体，運動体としてのみではなく，福祉サービスを直接提供する事業体としての活動を行うようになった（事業型社協）．社協活動のあり方に対する議論が続く中，社会福祉基礎構造改革により，福祉サービスには多様な主体が参入することとなった．個人のライフスタイルの多様化とともに福祉課題とサポートのあり方も多様化している．

　以上のことを踏まえつつ，本書においてはコミュニティワークを，「コミュニティ（地域社会）の福祉ニーズ，福祉問題，福祉施設やサービス運営上の課題解決のために行なわれる住民諸組織あるいは住民組織と専門機関の協働による組織的・計画的な活動に対して，ソーシャルワーカー（コミュニティワーカー）が専門的に援助する方法・技術」と整理したい．

§3　コミュニティワークの展開過程——"見えにくい"援助技術——

　多くの人が共通の課題意識をもつことが困難な現代，一層必要とされているコミュニティワークであるが，その展開方法と特性について整理したい．

　コミュニティワークの展開過程は，おおむね表Ⅳ-1のような流れで表すこと

表Ⅵ-1　コミュニティワークの展開過程（地域組織化過程）

段階	手順	内容	説明
1.活動主体の組織化	1	・取り上げるべき問題に関連する機関や人々を活動に組み入れる	問題を抱えている人々，問題解決の努力をしている人々，関連する機関，専門家，団体にはたらきかけ，組み入れ，解決活動推進の主体を組織する
2.問題把握	2	・地域特性の把握 ・福祉水準，問題，及び社会資源についての基礎的把握	地域福祉推進にあたって，その地域の特性（気候条件，地理的条件，人口動態，産業構造，住民性，住民意識構造）を把握し，福祉問題の予測，問題の背景，住民の考え方，態度の特徴をあきらかにしておくことが前提となる 　要援護者の実態，住民の抱えている福祉問題，福祉水準及び社会資源（地域の諸機関，団体，専門家など）についての基礎的把握
	3	・社会的協働により解決を図るべき問題の明確化とその実態の把握	既存史料の分析，新たな調査，活動，事業を通じての把握，専門家の判断などにより社会的に解決を図るべき福祉問題を発見し，その実態について多面的にあきらかにする
	4	・問題を周知し，解決活動への動機づけを行う	広報，話し合い，福祉教育などをとおして問題提起し，自覚と共有化を図り，解決しなければならない課題として動機づける
3.計画策定	5	・解決活動に動機づけられた問題をより明確にし，優先すべき課題を順序づけて推進課題の決定を行う	問題の相互理解を深め，問題の深刻度，緊急度，広がり及び住民の関心，地域や社会資源の問題解決能力，従来の活動や施策などの評価から何を推進課題として取り上げるか決定する
	6	・推進課題実現のための長期・短期の具体的達成目標の設定	何を，どの水準にまで，いつまでに達成するのか，それは全地域を対象とするのか一部地域か，全員を対象にするのか一部などを明確にし，長期・短期の目標として設定する
	7	・具体的実現計画の策定	目標を実現するために誰が何を分担し，どのような資源を活用して実施するか，誰にはたらきかけるか，財政は，時期は，推進機構などをあきらかにした具体的実施計画を関係者の共同計画として策定する
4.計画実施	8	・計画の実施促進 　住民参加の促進 　機関・団体の協力の促進 　社会資源の動員・連携・造成 　社会行動（ソーシャル・アクション）	広報，福祉教育推進などにより動機づけや活動意欲を高め，住民参加・対象者参加を促進する．公私関係機関・団体・個人の連絡調整を行い，計画実施のための協力体制を強化する　問題解決に必要な社会資源の積極的な活用連携を図る　さらに不十分であったり，欠けている社会資源を新たに創設する．特にその設置，制定が国・地方自治体などの責任をもって実施しなければ困難な場合，要望・陳情・請願などの社会活動を行う
5.評価	9	・計画の達成度，及び組織化活動についての評価	計画の達成度の点検，効果測定を行う 　活動のすすめ方，住民の参加，機関・団体の協力について評価する 　目標の計画そのものの評価を行う 　全過程の総括を行い，課題を整理する

注）1．C.O.のプロセスを説明するために一般化したモデルであって，実際の展開はこの展開過程に沿って単純に進むわけではなく，順序の入れ替えや重複などが起こる．また各々のプロセスでのワーカーの手順業務は，要素としての一面をもっており，継続したり，繰り返し実施される．たとえば評価はすべての段階で必要であることを理解しておくこと．

注）2．組織化の技術としての調査・広報・集団討議・委員会などの技術はすべての段階で繰り返し，相互に関連をもって使われる．

　備考）　永田幹夫編「社会福祉事業方法論Ⅲ」（全国社会福祉協議会・社会福祉研修センター）に所収されているC.O.プロセス表を一部修正した．

　資料）　永田幹夫『改訂　地域福祉論』全国社会福祉協議会，1993年

出所）　新版・社会福祉学習双書編集委員会編集『新版・社会福祉学習双書　第15巻　社会福祉協議会活動論』全国社会福祉協議会，2001年，p.248

ができる.

　ただし，これはひとつの例であり，必ずしもこの順番に展開するわけではない．現実には，地域や組織の特性に応じて，展開順が前後したり，同時並行的に実施されることが多い．そして，他の援助技術をさまざまに用いながら展開する．たとえば，問題把握をする際には社会調査法（ソーシャルワーク・リサーチ：social work research）を，計画策定の際には社会計画法（ソーシャル・プランニング：social planning）を，課題を多くの人に伝えたり組織化を図る際には社会活動法（ソーシャル・アクション：social action）を，組織や機関の運営には社会福祉運営管理（ソーシャル・アドミニストレーション：social administration）を，といったようにである．計画立案の中に調査が必要であったり，住民自身が調査を行うことがソーシャルアクションであったりと，これらの技法は相互にかかわりあいながら用いられている．

　その援助原則は，住民の福祉課題の把握に努め，課題や必要に即した活動を進めること（住民ニーズ基本の原則），地域住民の福祉に対する関心を高め，主体的な活動が大切であること（住民主体の原則），公私の諸団体と連携・役割分担をして計画的に活動を展開すること（公私協働・計画性の原則），活動に取り組むことそのものから得られる学び，つながりを重視すること（過程重視の原則）などがあげられる[12]．

　これまでに述べてきたように，地域福祉活動の主体は住民や福祉課題に直面している人たちであり，ワーカーは彼らが課題に気づき，活動へ踏み出すための側面的支援を行う．舞台にたとえるなら，住民は自ら脚本を書く俳優であり，コミュニティワーカーは監督，演出家といえるだろう．このことが，コミュニティワークを住民から認識されづらいものにしていると考えられる．本番の舞台上に監督が登壇して指示を出すことはない．あなたがコミュニティワーカーを目指すのならば，住民からみえにくいことを嘆くことなく，黒子に徹して専門的な支援を行っていることを誇りに感じてほしい．よい舞台が成立している背後には監督をはじめとする多くのスタッフがいることを，成熟した観客は

知っている．地域福祉活動がさらに推進され社会が成熟するならば，まちづくりは各分野の専門職が連携して行われ，住民もそれぞれの役割を担っていることを多くの住民が知ることになるだろう．

§4 地域における福祉実践の新たな展開（社会福祉援助方法論の統合化）

地域福祉の推進を目指すソーシャルワークをあえて「地域福祉援助技術」とよび，その体系化を試みている平野らは，地域福祉の推進を2つの側面から整理している．[13] ひとつには「地域での生活を実現する」という側面，いまひとつは「地域が主体となって進める」という側面である．この2つの側面は，地域における福祉実践のあり方をよく示している．

「地域が主体となって進める（地域住民の主体形成）」ことや「地域での生活を実現する」ために偏見や差別に対する働きかけのための実践としては，福祉教育があげられる．原田正樹は，「福祉教育とは，福祉課題を素材として社会福祉への理解と関心を深め，住民の主体形成を促す教育実践である．住民は，福祉教育を通して「ともに生きる力」を育みながら一人ひとりが地域福祉を推進する力を身につけていく」[14]ものであるとしている．阪野貢は，地域に根ざした，地域ぐるみの福祉教育実践の展開を推進するために「学校教育」と「地域福祉教育」の融合である「市民福祉教育」の重要性を提唱している．[15]

「地域での生活を実現する」ための実践として注目される技法として，コミュニティソーシャルワークがある．コミュニティソーシャルワークとは，地域社会のインフォーマルなサービスを含めたトータルケア，ソーシャルサポートネットワークの形成，また利用者を中心とした当事者の組織化支援，環境整備や地域住民の福祉意識の醸成などを含んだ地域社会を基盤とした総合的な福祉支援の方法である．[16] 1982（昭和57）年にイギリスの全国ソーシャルワーク研究所（National Institute for Social Work）により刊行された通称「バークレー報告」[17]によって提示され，近年，地域社会における福祉実践の方法として注目されている．

「一人ひとりの命と存在を尊重する関係，環境づくり」への実践は，直接援助，間接援助という従来の分類を超えた統合的援助へと転換しつつあるといえよう．

3. 市民運動と福祉計画をつなぐ

§1　市民運動と福祉計画をつなぐ視点

　社会福祉計画は，法に基づき策定される計画が多くなり，社会福祉計画の策定は，社会福祉行政の一部となっている．それゆえに策定の手続きが重要視されることが多い．また，定められた期限までに策定しなければならない．このため，住民が主体的につくるということほとんどなく，行政主導の計画策定といわざるをえない．

　社会福祉分野における計画策定は，本来，市民の立場から内容を検討し，計画を立案し，実行し，評価することが求められるといえる．つまり，社会福祉計画を策定する取り組みは，地域援助のひとつであるといえる．計画をつくらなければならない，というところからはじまる計画づくりは，地域援助としての意味は弱い．多くの住民は，行政主導の計画策定に対して，参加させられているだけではないだろうか．

　これに対して，社会福祉協議会が策定する地域福祉活動計画は，住民主体を実現化するために，自主的に行われてきた計画策定ということができる．しかし，近年，市町村が策定する地域福祉計画と一体的に策定される動きが出てきている．同じ，市町村というエリアを対象としていることが多く，公－民の連携という点では重要であるといえる．しかしながら，行政主体の計画策定となり，住民から離れてしまっていないか常に確認する必要がある．

　また，計画づくりは，形の整った計画に仕上げるということに意味があるのではなく，計画を策定するプロセスに住民や関連する専門職がどのようにかかわるかということが問われる．計画づくりの時間がかかったとしても，そのプロセスを

重視しなければ，計画の実施に影響が出る．計画を策定するという取り組みそのものが地域福祉を推進することにつながるという視点こそが求められる．

§2 社会福祉の計画化の流れ

社会福祉分野における計画策定の取り組みは，まず先駆的な地域において取り組まれてきた．たとえば，神戸市では，1977年に「市民福祉計画」が策定されている．「神戸市民の福祉をまもる条例」を制定し，広く市民の福祉に関する計画を策定している．また，東京都では，「三相計画」とよばれる計画があった．これは，1989年につくられた，住民・社会福祉協議会・都という3者が，地域福祉を推進させるというものである．その取り組みは，先進的な自治体の取り組みとして注目されていた．

社会福祉分野における計画策定がさかんとなったのは，1989年に国が示した「高齢者保健福祉10ヵ年戦略（通称：ゴールドプラン）」から始まる．

国家計画としてのゴールドプランは，高齢者保健福祉サービスの中でも特に介護サービスについて量的な目標を定めたものである．それまで，行政における社会福祉計画は，予算上の縛りをもたらすため，積極的に展開されることがなかった．しかしながら，進む少子・高齢化の流れの中で，高齢者向けのサービスについて計画的な量的拡充を目指すものとして，計画がつくられた．

これにともない，すべての都道府県・市町村が「老人保健福祉計画」（現在では，高齢者保健福祉計画とよばれることが多い）を策定することとなった．しかし，このときすでに，国は「参酌すべき基準」を地方自治体に示し，多くの自治体は国の基準に従ってニーズを計算し，それに基づいて計画を策定した．このことは，計画策定に慣れていないという技術的な問題もあるが，社会福祉計画の策定手法としては望ましいものではない．形式的な調査と定められた基準での計画策定は，住民のニーズを十分反映したものとはいいがたいからである．

これに続き，国は，「今後の子育て支援のための施策の基本的方向について（エンゼルプラン）」を1994年に，「障害者プラン～ノーマライゼーション7カ

年戦略」を1995年に打ち出した．これにともない，都道府県・市町村は，児童育成計画，障害者計画を策定した．

さらに，2003年より市町村の地域福祉計画，都道府県の地域福祉支援計画の策定が勧められている．これらの計画の特徴は，それぞれの地域の状況に応じて策定が進められているところにある．計画策定の期限から策定プロセスを決定するというのは，社会福祉計画の意義を見失ってしまっているといってよいだろう．

§3　計画づくり，実施そして評価

行政による計画では，策定委員会に関する条例が整備され，委員会が設置されたのち，計画策定が始まる．社会福祉協議会における地域福祉活動計画策定においては，理事会での計画策定の承認の上で，策定委員会を組織することになる．

この策定委員会のメンバーの決定の段階で，計画策定の方向性が示されているといえる．地域の福祉を支えている要職の人たちと，住民参加の名目で，公募の委員が数人，策定委員会に入ることが多い．このとき，策定委員会のメンバーとはその名のとおり，計画を策定するために集められたメンバーと意識しているだろう．しかし，計画は策定しておわりというものではない．策定した計画を実施し，そしてその結果を評価し，次の計画策定に活かしていく必要がある．

策定委員のメンバーは，策定された計画の実施を継続的に確認し，計画を実施した結果について評価するところまでかかわるべきではないだろうか．この点で，策定委員は，「職」ではなく，「人」で選ぶべきではないかと考えられる．

計画策定における住民参加の場は，策定委員会よりも具体的な計画策定の取り組みを行う，策定委員会の下につくられる作業部会ということになる．策定する計画の対象が広くなるほど，作業部会の役割は大きくなるといえる．ここで，当事者，家族や当事者団体の代表，住民の代表など多様な参加者がいれば，

より豊かな計画を策定することができる．

　さらに，いま社会福祉に関心のない住民にどれだけ関心をもってもらうかという視点が必要である．関心のない住民にとっては，どのような計画がつくられても自分とは関係ないと感じているだろう．計画策定に先立ち行われるアンケートにおいては，広く調査対象をとり，関心がない住民の意識，状況も明らかにする必要があるだろう．また，計画策定に向けて住民懇談会を開き，計画を策定することそのものを伝えながら，地域のニーズをとらえていく必要がある．

　計画策定においては，住民参加もしくは住民参画，住民主体とはいわれるが，住民は社会福祉の専門職ではない．したがって，社会福祉に関して系統的な知識をもっているわけではなく，地域の福祉ニーズ全体を見渡すことがむずかしい．また，調査結果を配布されただけでは，その意味を読み取ることができないといえる．しかし，計画策定において，地域住民がかかわらなければ，計画実施において，住民の主体的な取り組みへとつながらない．計画策定時において，住民がそれぞれの視点で自由に意見をいうことができることに策定にかかわる意義があるといえる．

　そのため，専門職は，参加者に対して配慮する必要がある．また幅広い意見を出してもらうために，専門職の側が意見が偏らないような整理をしていく必要がある．このとき，専門職としては，ブレーンストーミングやKJ法などの技術を用いようと考えるかもしれない．しかしながら，参加者の側に「自由に意見を述べること」や「カードに意見を書くこと」を求めても，困惑してしまうことがある．住民がかかわりやすい形での取り組みを考える必要がある．

　調査結果を示すときにも，数値を並べただけではそれを読み取ることがむずかしい．専門職が，データを読み取るポイントを示しながら紹介することが必要である．このとき，複数の視点を示すことができればなおよい．これには専門職の側の準備が必要で，複数の職員が分析にかかわることで可能となるといえる．調査結果のコンピュータへの入力，集計作業は外部のコンサルタントに

委託をしたとしても，調査の分析については専門職がかかわる必要がある．このときには，コンサルタントの視点として分析結果を出してもらってもよいが，当該地域に深くかかわっている専門職の視点を入れることが求められる．

さらに，当該地域ですでに策定されている計画や動き，たとえば，総合計画や関連する条例などもあれば紹介する必要があるであろう．

このような取り組みは，計画策定という点では，遠回りのようにみえるが，策定にかかわった住民が，幅広い視野と分析の視点をもつことが，地域福祉の推進へとつながるといえる．

策定委員会では，財政的な保障についても配慮しておく必要がある．計画を実施するにあたって，財政面での問題が起きないようにすることも検討事項として加えておかなければならない．計画策定時には財政的な問題から実施する事業が原案より減るということがある．このような事柄については，記録を残し，計画の見直しの時期にその必要性を再度検討することが必要であろう．計画の実施，見直しという流れの中で住民の意識が高まれば，財政状況に見合った新しい事業の提案ができると考えられるからである．

策定された計画は，何らかの形で住民に示される．そして実施にいたるわけであるが，計画そのものが住民に浸透していなければ，地域福祉の推進へとつながらない．住民が計画に関心をもち，理解を深めていくよう援助をしていくことが必要であろう．そのためには，計画策定後にも定期的に住民懇談会などで，計画の実施状況について伝えていく必要がある．住民に向けた情報の発信は，計画の実施という側面だけでなく，住民が関心をもつきっかけとなり，住民が生活問題をもつ人びとを地域で支えていこうとする動きにつながるといえる．

また，計画の実施については，その取り組みを記録しておく必要がある．機関ごとの取り組みについては，事業として展開するものはその実施時期や参加人数，その効果などをまとめるであろう．しかしながら，地域における取り組み全体をまとめることは少ないのではないか．複数の機関・組織がかかわる場

合，それぞれの取り組みについて，年度ごとにまとめることが求められる．これに基づいて前述の住民懇談会を実施することになる．

住民懇談会は，開催しはじめた当初は，社会福祉の活動をしている人，関心のある人が中心かもしれない．しかし活動を続け，地域に浸透することにより，さまざまな参加者を期待することができる．さらに，狭い意味での社会福祉のテーマだけではなく，防犯や環境など，地域生活全体の話題に広がっていくことが考えられる．これは，地域によってはコミュニティの再生という動きにもつながり，地域福祉を推進する土台となっていく．

このような地域援助の側面と合わせて，ソーシャルアクションの側面にも注目したい．計画を実施していくという中で計画策定当初はみえていなかった生活問題，地域の課題がみえてくる．住民がこれらのことに気づくことを踏まえて専門職は，ソーシャルアクションにつながるよう援助していくことが考えられる．住民の連帯が薄れている今，市民運動を展開することがむずかしくなってきている．住民の生活に密着した内容をもつ社会福祉の計画策定とその実施という側面から，住民のつながりを形成し，さまざまな問題を解決していこうとする動きとすることが求められているといえる．

計画に定められた年限が過ぎたあと，計画の評価となる．評価の基準は，計画の達成度となる．計画に具体的な数値目標などが示された項目や新規の事業の立ち上げが記されている場合，その達成度を明確にすることはむずかしくない．具体的な達成度を示すことがむずかしい場合，当事者や住民の評価が基準になるといえる．

これらの取り組みを住民とともに行う必要がある．計画の実施についてふりかえることにより，住民は問題意識を明確にし，そして，新しい計画づくりには，前回より多くの住民がかかわるという流れをつくりだすことが求められる．

§4　社会福祉計画の現状と課題

社会福祉法第4条に「地域福祉の推進」についての規定がある．この中で，

VI　地域における社会福祉援助の展開

地域住民も推進の担い手とされている．そして，地域福祉計画をはじめとした社会福祉分野における計画の策定においては，地域福祉推進の担い手である住民が主体となる必要がある．

しかし，実際の計画づくりは，住民の「代表」が参加することとなる．住民の代表とは誰であろうか．民生委員児童委員であったり，自治会連合会の代表であったりする．彼らは「あて職」とよばれる．これは，その「職」に就いていることから参加しているということを指す言葉である．

もちろん，関心，熱意があり，地域における活動を担っている人もおり，彼らの参加を否定するわけではない．しかしながら，あて職だけでは，多様な意見を出し合いうことはむずかしい．

これとは異なり，その「人」が指名されることもある．地域で熱心に活動しているNPOやボランティアグループの代表などである．しかしながら，このような人びとはふだんから活動を通してメッセージを発信しているといえる．また，住民全体の意見を代表しているともいえない．

これらの，地域の中の「強い声」が本当に住民の代表となりうるのだろうか．計画策定にかかわる側が普段，聞くことのできない意見などを聞く機会をもつ必要がある．

これは，アンケート調査の自由記述などで噴出することがある．たとえば，社会福祉に対するあきらめや，強い憤りを言葉にしている場合がある．社会福祉に関する業務を担当するものとしては，このような意見をみることはつらいものである．しかし，この意見がどのような背景で出てくるのか，これこそ分析の対象とするべきではないだろうか．

アンケート調査の報告書の多くは，数量で示されるものを集計し，グラフにして見栄えのよいものを作成している．自由記述は，ただ列挙されているか，よくて分野別に分けられている程度である．自由記述について，統計的に集計することはできないが，記述者の基本属性などから分析することは可能である．背景をとらえることで，計画策定に際し具体的に取り組むべき課題がみえ

てくるのではないかと考えられる．

　また，計画を策定する意義は，策定時もしくは計画を実施しているときに，関心のない住民にどれだけ関心をもってもらえるかというところにある．この点で，計画策定のプロセスを住民に公開し，進捗状況を広く伝えていく必要がある．広報誌などでの広報の限界はすでに指摘されているが，まず行うことからはじめる必要があろう．

　社会福祉計画は，計画を策定するという取り組みそのものが，コミュニティワークへつながるといえる．地域によっては，計画策定の取り組みがなかなか進まないこともあるかもしれない．しかしそれは，住民の置かれている状況を反映させているともいえる．住民主体の地域福祉を展開するというのであれば，時間がかかっても住民とともに計画づくりをしていく必要があるであろう．

注）
1) 社会福祉法第4条「地域福祉の推進」ほか
2) 杉岡直人「地域福祉の基盤－基本要件・コミュニティ」牧里毎治ほか編『これからの社会福祉第6巻地域福祉』有斐閣，1995年12月，p. 44
3) 牧里毎治「地域福祉の思想と理論」日本地域福祉学会 編『新版 地域福祉事典』2006年，p. 30
4) 「アメリカにおける最初のCOSは，1873年の不況時に設立された「ドイツ人救済協会（Germantown Relief Society）」であるが，一般的には，1877年ロンドンのCOSを手本として地区委員会を設置し，貧困家庭の個別訪問，すなわち友愛訪問（friendly visiting）を実施したバッファローのCOSがその起源とされる」（金子光一「COSの形成と展開」日本地域福祉学会編『新版 地域福祉事典』2006年，p. 79）ことから，本文においては1870年代と記述した．
5) 全米社会事業会議の（コミュニティオーガニゼーションの討議計画に関する起草委員会の）報告．委員長がレイン（R. P. Lane）であったことから「レイン報告」とよばれる．
6) 高森敬久・高田眞治・加納恵子・平野隆之『地域福祉援助福祉論』相川書房，2003年，p. 128 以降
7) 濱野一郎「コミュニティワークの現代的傾向」濱野一郎ほか編著『コミュニティワークの理論と実践を学ぶ』みらい，2004年，pp. 21～22
8) 柴田謙治「アメリカのコミュニティ・オーガニゼーションの形成と展開」日

本地域福祉学会編『新版 地域福祉事典』2006 年，p. 83 以降
9) 「講」組織は，金銭宗教上の目的，あるいは経済上の目的，あるいは社交上の目的で集まった人びとが形成する集団互助組織．有名なものには伊勢講，報恩講，身延講，熊野講などがある．金銭や米あるいは労力を出しあって互助を行なう経済講（頼母子講，無尽講，屋根講，人足講など）が発展した．現代も「たのもし」「むじん」とよばれる組織が農村地域を中心として存続しているが，近年では金銭のやりとりというより親睦を深めるための寄り合いとして機能している．「結い（ゆい）」は，農業や普請などで多くの人手を必要とする際の，労働力の支えあいの仕組み．地方によっては「手間がえ」ともよばれている．葬式や手間のかかる普請，祝い事の際に組（町内）で労力を出し合う仕組を「とりもち」とよぶ．
10) 1947（昭和 22）年 5 月 3 日ポツダム政令第 15 号「町内会部落会又はその連合会等に関する解散，就職禁止その他の行為の制限に関する件」により，制度としての町内会は廃止されている．
11) 日本社会事業協会，全国民生委員連盟，恩賜財団同胞援護会の 3 団体．
12) 地域福祉活動の援助原則には諸説あるが，書面の関係で詳説を紹介することができなかったため，鈴木五郎による援助原則（① ニーズ即応の原則，② 地域主体の原則，③ 組織化の原則，④ 協働活動の原則，⑤ 公私分担・公私協働の原則，⑥ 社会資源活用の原則，⑦ 資源開発の原則 『社会福祉援助技術論 II 第 2 版』福祉士要請講座編集委員会編，中央法規，2003 年，p. 108），および，新・社会福祉協議会基本要項における社協の活動原則（① 住民ニーズ基本の原則，② 住民活動主体の原則，③ 民間性の原則，④ 公私協働・計画性の原則，⑤ 専門性の原則）などを手がかりに筆者がまとめなおした．
13) 高森敬久ほか『地域福祉援助福祉論』相川書房，2003 年，コミュニティワークから「地域福祉援助技術」へ（平野隆之）p. 33 以降
14) 原田正樹「福祉教育」日本地域福祉学会 編『新版 地域福祉事典』2006 年，p. 406
15) 阪野 貢『戦後初期福祉教育実践史の研究』角川学芸出版，2006 年，p. 155
16) 説明文は，原田正樹「コミュニティソーシャルワーク」日本地域福祉学会編『新版 地域福祉事典』2006 年，p. 146 を参照）要支援者の地域での自立生活支援の実践方法として早くからコミュニティソーシャルワークに着目していた大橋謙策は，論文や著作において概念整理を試みるとともに，具体的展開を提唱してきた．
17) 正式名称は『ソーシャルワーカー：役割と任務』，通称「バークレー報告」として知られている報告書．Barclay Committee, Social Workers:Their Role & Tasks, Bedford Square Press, 1982，邦訳は，小田兼三訳『ソーシャルワーカー：役割と任務（バークレイ報告）』全国社会福祉協議会，1984 年

参考文献

鈴木五郎『地域福祉の展開と方法－地域福祉活動実践の手引き〔増補〕』筒井書房，1983年

牧里毎治ほか編『これからの社会福祉第6巻 地域福祉』有斐閣，1995年

濱野一郎・野口定久編『コミュニティワークの新展開』みらい，1996年

大橋謙策ほか編著『コミュニティソーシャルワークと自己実現サービス』万葉舎，2000年

新版・社会福祉学習双書編集委員会編集『新版・社会福祉学習双書第15巻 社会福祉協議会活動論』全国社会福祉協議会，2001年

ウィリアム G.・ブルーグマン，スン・レイ・ブー，前田美也子 編著『トムソンラーニング ソーシャルワーク実践シリーズ第1巻 コミュニティ・ソーシャルワークの基礎』成美堂，2002年

日本地域福祉研究所監修『21世紀型トータルケアシステムの創造──遠野ハートフルプランの展開』万葉舎，2002年

小田兼三『コミュニティケアの社会福祉学 イギリスと日本の地域福祉』勁草書房，2002年

三浦文夫ほか編著『地域福祉の源流と創造』中央法規，2003年

三浦文夫・宇山勝儀『社会福祉通論30講』光生館，2003年

上野谷加代子ほか編著『やわらかアカデミズム・〈わかる〉シリーズ よくわかる地域福祉』ミネルヴァ書房，2004年

濱野一郎ほか編著『コミュニティワークの理論と実践を学ぶ』みらい，2004年

日本地域福祉学会編『新版 地域福祉事典』中央法規，2006年

福祉士養成講座編集委員会編集『新版 社会福祉士養成講座⑧ 社会福祉援助技術Ⅰ 第3版』中央法規，2006年

福祉士養成講座編集委員会編集『新版 社会福祉士養成講座⑨ 社会福祉援助技術Ⅱ 第4版』中央法規，2007年

一番ヶ瀬康子ほか編著『中野区・福祉都市への挑戦 21世紀にむけての地域型福祉サービス』あけび書房，1993年

上野谷加代子・杉崎千洋・松端克文編著『松江市の地域福祉計画：住民の主体形成とコミュニティソーシャルワークの展開』ミネルヴァ書房，2006年

河合克義編『住民主体の地域保健福祉計画』あけび書房，1993年

茅野市の21世紀の福祉を創る会，日本地域福祉研究所編『福祉21ビーナスプランの挑戦：パートナーシップのまちづくりと茅野市地域福祉計画』中央法規，2003年

西三郎・大山博・亀谷二男編『新時代の自治体福祉計画 みたか福祉プラン21の策定を追う』第一書林，1993年

VII 社会福祉援助の広がり

1. 社会福祉援助としてのケアワーク

§1 ケアワークとは何か

1) 介護と介護福祉

(1) 介 護

　介護とは，疾病等の後遺症などによって身体機能が低下し，歩行や食事，排泄などの日常生活動作が制限され，このことにより具体的な援助を必要としている人たちを護り助けることとして理解されている場合が多い．たとえば『現代社会福祉辞典』(1982) の説明では，「ある人の身体的機能の低下，衰退，喪失の場合に起こる生活上の困難に対して，身体的機能をたかめ補完する日常生活の世話を中心としたサービス活動〈介護・介助〉という」[1]となっており，身体機能の低下によって不便となった日常生活上の行為を支援する世話活動であるとしている．介護行為には専門的な技術や知識は必要ではなく，介護は「日常生活での世話の援助」と考えれば，誰にでも行える援助であると考えられるが，質の高い介護を行う場合には一定水準以上の知識と技術を有していることが必要となり，これを義務として安定的，持続的に提供できるレベルであることが求められていくなら介護は誰でもいつでも行える日常生活での世話の援助

とはいえなくなる.

(2) 介護福祉とは

では，介護福祉とは何かということを考えてみたい．介護福祉という言葉は介護という言葉より後に登場しているが「福祉」という言葉を加えたことに着目したい．『改訂版・社会福祉実践基本用語辞典』(1993)では,「日本社会事業学校連盟は,試案的定義であるが,介護を老齢または心身障害に加え,社会的原因によって日常生活を営む上で困難な状況にある個人を対象にして,専門的な対人援助を基盤に,身体的,精神的,社会的に健康な生活の確保と成長,発達をめざし,利用者が満足できる生活の自立をはかるため,生活の場面での介助,家事,健康管理などの援助を行うことであるとした」と説明されている．介護福祉という言葉こそないが,介護は誰にでもできる世話であるとされていた解説からさらに前進し,質の高い介護,利用者が満足に感じる介護を行うためには「専門的な対人援助」が必要であるとされている．では専門的な対人援助を行う者とはいった誰なのか.

介護福祉という言葉を使用した専門職者の国家資格として「介護福祉士」がある．だが,これは「介護士」という名称ではない．社会福祉士及び介護福祉士法の第2条第2項では「介護福祉士という専門職の役割,業務内容」を定めている.

介護福祉士は基本的な介護業務以外に利用者やその介護者に対して介護に関する指導を行うことができるとされているが,介護福祉士の専門的な技術や知識をもって行うことが求められている．なぜなら,この介護指導は身体介護や家事支援などの他に家族や親族等との関係調整や社会参加・社会活動への誘いかけなども含まれているからである[2].

介護福祉は,社会福祉援助技術の実践方法のひとつである．たとえ要介護状態になっても,地域のあたたかな社会関係の中で自らの生活習慣を継続しながら主体的に生活するために必要なのは「介護福祉」であり「介護」ではない．前述の社会福祉士及び介護福祉士法においても,介護福祉士を社会福祉領域の

専門職者として位置づけていることは明確である．単なる「介護」ではなく社会福祉援助技術を基盤とした「介護福祉」であってはじめて，その独自性・専門性を主張することが可能になると考えるのである[3]．

介護とは，援助を必要としている人たちの「生活」の核となる部分を援助することであるが，あえて，家族介護者など専門的な知識や技術をもたない場合の世話を「介護」と表現する．そして，専門職（たとえば介護福祉士）によって行われる介護を「介護福祉」とする．専門職者としての介護福祉実践は「クオリティ・オブ・ライフ」の向上のために必要とされる介護福祉の理念，知識，技術を具備していると考えて進めていく．

2）ケアワーク

(1) ケアとケアワーク

ケア（care）は一般的に「介護」と訳されている．ではケアワーク（care work）とは何か．このケアワークを介護福祉士などの専門職者による専門援助技術として考えると「介護福祉援助」または「介護福祉援助活動」とすることができる．「介護福祉援助技術」とすることもできるが，日常生活動作等の援助を中心とする「介護技術」とは違う．苦痛をともなわない排せつ介護も利用者のペースに合わせた食事介護も重要であるが，家事や身体介護技術面ばかりをもって介護福祉職として優秀であるとする考え方は改めなければならない．

社会福祉の援助技術はソーシャルワーク（social work）であるが，社会福祉援助活動を考えると，社会福祉の制度・政策は，それが単に「ある」だけでは不十分であり，実際に「機能している」ことが大事である．社会福祉の制度や政策が機能するためには，それを必要とする人間（福祉サービス利用者＝クライエント）と環境に働きかける人（ソーシャルワーカーなど）の援助活動が重要であり，かかわる人が援助方法や援助技術（ソーシャルワーク）をもっていることが大切である[4]．

ケアワーク実践を行っていく場合に，福祉ニーズを把握しておく必要がある

が,そのためにはまずアセスメントを正しく実施しておかなければならない.福祉ニーズを正しく把握することによって,問題解決に導くケアプランを設定することができるが,本来のアセスメント項目では,福祉サービスを必要としている人の身体状況把握,精神状況の把握,社会環境状況の把握が必要であるが,介護職は身体状況の把握は得意でも精神状況の把握や社会環境状況の把握には弱く,介護支援専門員や社会福祉士にすべてを任せてしまうこともある.他職種との連携やチームケアという面では大切に思えるが,福祉現場最前線で最も彼らの身近にいる介護職が精神状況の把握や社会環境の把握を放置してもよいということにはならないだろう.むしろ積極的にこれらの状況把握に努力していかなければならない.こうした誤った実態が介護職=家事支援,身体介護のみの担い手という誤解を生んだのではないか.また多くの介護職たちがこの誤解を安易に容認してしまったのではないか.

　ケアワークの担い手はケアワーカーであるが,ケアワーカーとよばれる介護職のすべてが介護福祉士ではない.介護福祉の実践者たちの介護福祉士資格への一本化が準備されているが,現状では介護福祉士ではない介護職も存在しているので呼称,名称はさまざまで「ケアワーカー」「介護職員」「介護士」「介護人」「介護さん」などである.質の高い介護福祉の実現には介護福祉士が求められていかなければならないはずだが,現実には介護福祉士の資格者ばかりではない.

(2) 介護福祉援助と社会福祉援助

　日本介護福祉士会倫理綱領では「利用者本位,自立支援」「専門的なサービスの提供」「プライバシーの保護」「総合的サービスの提供と積極的な連携,協力」「利用者ニーズの代弁」「地域福祉の推進」「後継者の育成」の7つの綱領を掲げている.たとえば,「専門的サービスの提供」では「介護福祉士は,常に専門的知識・技術の研鑽に励むとともに,豊かな感性と的確な判断力を培い,深い洞察力をもって専門的サービスの提供に努めます.また,介護福祉士は,介護福祉サービスの質的向上に努め,自己の実施した介護福祉サービスについ

ては，常に専門職としての責任を負います」とある．専門的サービスの提供には専門的知識，技術の研鑽が必要であるとしているが，倫理綱領では介護サービスをすべて「介護福祉サービス」と表現している．

　日本社会福祉士会の倫理綱領は前述の介護福祉士会に比べてボリュームがあり，3つの大きな柱として「価値と原則」「倫理基準」「社会福祉士の行動規範」によって定められているが，日本介護福祉士会倫理綱領の7つの綱領は文章表現こそ違っているが，社会福祉士会の倫理綱領の中身と合致している．

　社会福祉援助活動は，大別すると，微視（ミクロ）的社会福祉援助技術を用いた活動と巨視（マクロ）的社会福祉援助技術を用いた活動に分けることができる．微視的社会福祉援助活動は，主に直接援助技術を用いた専門職の活動に典型的に現れる．特に，食事・入浴・排泄・移動・着脱衣などの日常生活動作能力が低下している人に対して，寮母らのケアワーカーが用いる介護福祉援助技術（ケアワーク）は，微視的社会福祉援助活動の中でも一方の極に位置する援助技術である．介護福祉援助技術は，単なる身辺介護技術にとどまらず，その他の社会福祉援助技術を広く応用・展開することにより，福祉サービス利用者の生活の全体性に深くかかわることができる．個別性を重視して個別に働きかける個別援助技術（ケースワーク）および，グループのもつ力動性を活用する集団援助技術（グループワーク）は，従来は主としてソーシャルワーカーなどの社会福祉専門職者に期待された方法・技術であるが，今日ではケアワーカーにおいてもそれを用いて働きかけることが期待されている[5]．

　ケアワークの実践者であるケアワーカーたちがケースワークやグループワークの知識や技術を具備する必要はないと断言してしまうことがあってはならないし，内容や時間数の検討は必要だとしても，ソーシャルワークの知識や技術は必ず持ち得るべきである．

§2 ケアワーク実践の課題と展望

1) 介護福祉士と社会福祉士の現状

　介護福祉士は身体介護を行い，社会福祉士は相談援助を行うことを業とすることは社会福祉士及び介護福祉士法によって業務内容が区分されている．また，介護福祉士も社会福祉士も独立した福祉系国家資格である．

　だが，社会福祉士と介護福祉士は位置づけや立場で優劣，上下関係があるのではないかと誤解されてしまう場合がある．身体介護業務を考えた場合に当初の介護の考え方を例とすれば，「介護は誰にでもできる世話の援助」だから介護福祉士は社会福祉士よりも下位に位置づけられて当然という意識はないのか．

　同じ利用者に対して介護福祉士は身体介護を中心として援助を行い，社会福祉士は相談援助を中心として援助を行うが，だからこそ両者は対等な関係で相互に補完しあう必要がある．社会福祉士にはケアワークについての理解が必要であり，介護福祉士にはソーシャルワークの理解が必要である．

2) 社会福祉士と介護福祉士の受験方法の矛盾

　両者の間には対等な関係として位置づけることがむずかしい要因のひとつに国家試験受験方法がある．介護福祉士の場合，指定された福祉施設等の実務経験があれば受験できるが，社会福祉士の場合には基礎学歴（養成校の卒業また修了）が必要である．介護福祉士の場合，指定養成施設（養成校）を卒業することによって無試験で国家資格が付与されるが，社会福祉士の場合，指定養成施設を卒業しても受験資格のみである．介護福祉士の国家試験と養成施設での必修科目に「社会福祉援助技術（ソーシャルワーク）」があるが社会福祉士の時間数に比べると半分以下で少ない．社会福祉士の国家試験と養成校の必修科目に「介護概論」はあるが，介護福祉士の時間数に比べて時間数少なく，介護技術系の実習演習科目は必修ではない．

　さらに現実的な例として福祉施設等の現場では社会福祉士の資格所持者が「介護職員」として勤務していたり，介護福祉士のみの資格所持者が「生活相

談員」として勤務していることがある．

　このことをどう考えていくのか．

3）ソーシャルワークとケアワーク

　ソーシャルワークとは何かをまとめると，人と環境との間に生じた不和，不調整を緩和したり解決するために，利用者の変化を求めることや社会環境の変化を求めることで，人と環境という両者のインターフェースの緩和や解決を目指していく対人援助活動で，社会福祉援助技術ともいう．

　社会福祉士は，倫理綱領の行為の指針や判断根拠から考えると，援助活動の第一次的価値を「平等」「人間らしさ」「個人の尊厳」「幸福の追求」「自己実現」として，二次的価値を「人権」「社会正義」「インクルージョン」「自立」「自己決定」「権利擁護」としている．人と環境との間におこった問題点を解決していくという意味でも利用者の利益最優先で自発的行為を行い利用者の生活を援助することでは介護福祉士も社会福祉士も重要な福祉専門職である．

§3　社会福祉援助としてのケアワーク

1）人間として生きる援助

　少子高齢社会の現代に代表されるように福祉ニーズの高度化，多様化，普遍化が進展しており，介護福祉サービスの中身もクオリティが問われている．スペシフィック・ソーシャルワーク，ジェネリック・ソーシャルワークの援助方法をケアワークにも当てはめて考えてみたい．スペシフィック・ケアワークは専門分化した介護福祉援助として考えることができる．福祉ニーズの多様化と個々のニーズに十分に対応していくためには，たとえば，楽しみながら食事が摂取できる方法や楽しみながら入浴できる方法の開発などの専門性を高めた援助を行う必要があるからである．ジェネリック・ケアワークは，基礎的，一般的とも訳されるが，ここでは全般的な介護福祉援助として考える．前述のように食事や入浴や排泄などの身体介護技術の向上は不可欠であるが，その部分に

ばかり埋没してしまうのではなく，ソーシャルワークの枠組みで示したように「利用者と環境との関係性がどのような状態となっているので，こうした身体介護の方法が必要となっている」などの全般的な認識や理解が必要とされるからである．社会福祉援助としてのケアワークには，スペシフィックなケアワーク実践能力とジェネリックなケアワーク能力を兼ね備えておく必要がある．

2. 社会福祉援助としての実習教育

§1 社会福祉援助と実習教育

　社会福祉援助とは，個人および家族の生活上の諸困難の解決・緩和を目指して，多種な社会制度を活用し，相談，直接的な支援を行うことである．また，問題を抱える個人や家族，集団の問題解決能力を高めるような機会を設け，地域にある社会資源等を調整，開発し，制度充実のための方策を検討するなど社会福祉の実践的な展開活動をいう．

　窪田暁子は，社会福祉を学ぶことについて，「社会福祉の援助の名の下において他人の生活への援助を担おうとするものには，特別な自制と，すべての人間に対して，その尊厳にふさわしい敬意を持って相対する姿勢と，相手の人権を尊重する接し方が求められ，それらのための特別な教育と訓練が求められる」[6]としている．

　すなわち，このような社会福祉専門職としての教育をうけた者が，専門職としての倫理を前提として，知識と技術を身に付けるための訓練として「実習教育」があるのである．

　社会福祉士等の実習教育は，きわめて短期間でさまざまな制限をともない実施されている．社会福祉士等のカリキュラムにおいては，規定時間数や実習施設等の縛りがある．このような現状のもと，各養成校では，実習期間や実習時期，実習施設等まちまちであるが，当の実習学生は実にさまざまな事柄を学び吸収している．これらの学びは，各養成校が実習終了後のスーパービジョンの

中で実習報告書としてあらわれてくる．

　学生は，教室で概括的に学んだ児童福祉や障害者福祉，高齢者福祉の「広がりを実感」し，「地域や他の施設についても学び」，「現場を全体的に知る」という体験をしてくる．多くの学生は2週間，4週間という短い現場体験において，初めて出会う利用者の生活やそこで懸命に働く職員の働きを知ることとなる．そして，利用者とどのように会話を交わしたらよいかなどコミュニケーションの方法や具体的な援助実践の手法について悩み，不安を抱えながら実習を行う．

　このような実習という職業人・専門職の養成における訓練において，社会福祉の知識と技術とを現場実践に適応させること，すなわち，理論と実践をつなげるための重要な役割が実習教育にあるのである．

§2　実習教育とスーパービジョン

　福祉サービス利用者の拡大とそれにともなう多様化，複雑化したニーズに対応するため，社会福祉援助技術の活動体系は大きく変化してきた．伝統的な直接・間接援助技術に留まらず，それらを統合するため，関連援助技術の重要性が認識されてきている．特に福祉マンパワーの量的拡充に相反して専門職たる福祉従事者の質的低下が指摘され，それに対応するための方策が求められている．このような状況において，関連援助技術としてのスーパービジョンが，社会福祉専門職教育のみならず現任者への研修教育においても必要となってきている．

　窪田は，社会福祉領域の実習におけるスーパービジョンについて，「現場で実習を担当する職員が，必ずしも本格的なスーパービジョンを受けた経験を持たず，学生実習の指導のための特別な学習を重ねる機会も限られていて，実習プログラムの中にスーパービジョンを含めていない場合が多い」[7]とし，現場職員の日常業務の多忙さに加え，近年の急速な福祉マンパワーの養成における教育機関の増加，その学生数増加に対する現場指導者の数が対応できなかったな

図Ⅶ-1 実習におけるスーパービジョンのプロセス

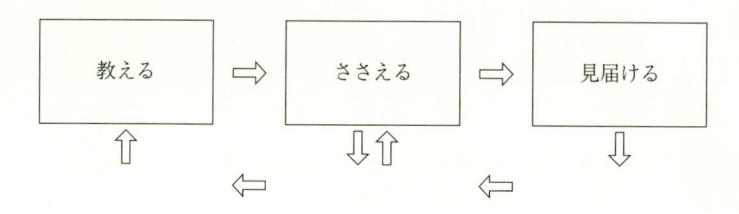

教える ⇒ ささえる ⇒ 見届ける
（循環の矢印）

出所）飛永高秀・井上修一・大藪元康・窪田暁子「社会福祉援助技術現場実習スーパービジョンの研究（その2）—個別指導の小集団化の取り組みとその効果—」『中部学院大学・中部学院大学短期大学部紀要』第8号，2007年，p.113

ど，職業教育のシステムについて指摘している．

　これは，現状の社会福祉専門職の職業教育のあり方への危惧を示しているとともに現任職員の質の向上におけるスーパービジョンの重要性を改めて問うているといえよう．

　また，窪田は，スーパービジョンを「一定の業務遂行にあたって，多くの場合，より経験の少ない働き手に対して，教育，支持，監督の目的を持って，定期的に面接その他の方法を用いて提供される活動」[8]ととらえ，そのプロセスを「教える」（教育的機能）—「支える」（支持的機能）—「見届ける」（監督的機能）の循環によって成立するとしている（図Ⅶ-1）．

　すなわち，熟練したソーシャルワーカー（スーパーバイザー）による未熟なソーシャルワーカー（スーパーバイジー）に対する教育・訓練の方法である．

　スーパービジョンには，個人スーパービジョン，グループ・スーパービジョンなどがある．学生へのスーパービジョンには，実習施設・機関の実習指導者によって行われるものと，実習中，主として実習指導教員による巡回指導等によって行われるものがある．さらに実習終了後に作成する報告書作成時に行われるものもある．これは，社会福祉専門職養成における学生へのスーパービジョンのみならず，現場の新任研修や教育，経験が長い職員から経験が浅い職員へのスーパービジョンのあり方としてもとらえることできる．

スーパービジョンの視点は，① スーパーバイジーのクライエント理解やアセスメントはどうか，② スーパーバイジーとクライエントの関係はどうか，③ どのような援助目標を立て，どのような援助契約となっているか，④ どのような援助方法を用い，どのような援助過程をたどっていったか，⑤ 結果をバイジーはどう評価しているのかの5つがある[9]．

スーパービジョンは，社会福祉従事者が，専門職として，より高いレベルの知識と技能，そして倫理を身に付けるためのひとつの方法として位置づけられる．このスーパービジョンにおいては，直接的な利用者とのかかわりの中で自らの援助方法や視点などについて振り返ることが多い．

しかし，それだけではなく，社会福祉の現場実践を行ってきた先人や先輩の利用者観や援助観など，利用者と向き合う際の考え方について知る機会ともなる．さらに実習という短期間であるが組織の一員として業務を遂行する中で，業務手順や業務展開，さらには勤務シフトというような労働環境などを垣間みることとなる．また，社会福祉の実践現場がどのような法的・施策の枠組みの中で行われているかマクロな視点でとらえることも必要となる．

社会福祉実践は生活の様態に密接に関係しており，社会状況等の変化に柔軟に対応することが本質的に求められる．そのため，就業後の卒後教育の充実，すなわち，OJT（On-the-Job Training：職務を通じての研修），OFF-JT（職務を離れての研修），SDS（Self Development System：自己啓発制度）などの職場研修による継続的な研修教育環境が整備されることが必要となる．また，職場研修のみならず，教育機関による卒後教育としての研修や研究会の開催，さらには大学院への進学など継続的な支援体制づくりも必要となるであろう．

§3 社会福祉援助と自己覚知

上記のように社会福祉援助における実習教育は，社会福祉専門職養成において身に付けた知識と技術を現場実践で自ら適用させることにより，現場実践における援助の実際や職員の専門性，雇用・労働環境など福祉サービス利用者と

職員等社会福祉を取り囲む状況を理解する機会となる．

　しかしながら，実習主体である学生本人の社会福祉学を学ぶ動機や意識についても指摘しておく必要がある．周知のとおり，1987年に社会福祉士及び介護福祉士法が成立して以来，「国家資格」という観点で福祉専門職が養成されてきた．しかし，それ以前に社会福祉を学んできた先人たちは，「貧しい人を助けたい」「この障害がある人たちのために力になりたい」などの「使命感」「熱意」をもって社会福祉を学び，現場実践を積み重ねてきたという歴史がある．その一方で近年の社会福祉の実践現場からは，「目的意識」や「動機」が高い学生が少なくなってきているとの問題提起もあり，社会福祉を学ぶ学生の意識の差が拡大または一般化しているということがいえる．

　このような現状の中で，改めて冒頭の窪田の社会福祉を学ぶことについて思い出したい．社会福祉の名の下に他人の生活の援助を行う援助者には「特別な自制」が必要となるのである．社会福祉において援助者，被援助者（福祉サービス）という関係性の中で，援助者は，被援助者を理解することが求められる．しかし，人は誰でもそれぞれ各自の体験によって，自らの基本的な傾向や態度，すなわち，生活における価値観を作り上げている．

　援助者が自らとは違った境遇や生活を送ってきた他人への援助を行う場合，自らの価値観のみでかかわろうとすると被援助者の受容や共感すら困難となる．なぜなら，援助者の価値観で被援助者の考えや思いを良いか悪いかなどの主観的感情において判断するからである．そのため，福祉専門職として福祉サービス利用者と対峙する際には，援助者としての基本的な前提や傾向を自らが認識しておく必要がある．すなわち，自己覚知である．これは，自己の言動，感情，行動メカニズムなど自己を客観的に理解できることをいう．それこそ，援助者としての特別な自制となるものである．

　これは現場実践のみならず，机上における知識や技術の習得の際にも同様である．社会福祉の知識や技術を意識的・無意識的にどのように自らが理解し，解釈しているのかなど，援助者の主観的で個人的な要因に深く関係してくるも

のである．そのため，他者を理解する前に自己理解を進めることが非常に重要となる．社会福祉援助としての実習教育においても，実習生という立場と同時に曖昧であるが職員としての振る舞いが要求される．この体験の中で，自らの援助者としての態度，傾向，さらには自己の適性などについて深く内省的考察が必要となる．これもまた社会福祉援助としての実習教育の重要な役割となるのである．これら自己覚知を促進するものとして，前節のスーパービジョンが有効な手立てとなるのである．

　社会福祉援助と実習教育の関係は，スーパービジョンによって今まで実習を行ったことでの学びや成長を確認し，自らの課題等をみつけ，その課題の解決に向けて取り組むことと考えられる．このスーパービジョンがまさに教員から学生への社会福祉援助の展開として位置づけられるのである．

援助としてのスーパービジョン

　ソーシャルワーカーの技能の向上は，単に技術の習得だけでなく，人間理解や社会的な問題認識の深まりなど，人間的成長と表裏一体の関係にある．したがって，スーパービジョンにあたっても，指導を受ける新人ワーカーをクライエントと見立てて，その人間的成長を促すような援助としての働きかけのあり方が求められる．チームでの他職種とのかかわりも同様である．

注）
1) 仲村優一ほか編『社会福祉辞典』誠信書房，1982年，p. 85
2) 中央法規出版編集部『改訂・介護福祉用語辞典』中央法規，1993年，p. 28
3) 三好明夫編『介護福祉学』学文社，2006年，p. 9
4) 根本博司・佐藤豊道編『社会福祉援助技術』建帛社，1990年，p. 9
5) 同上書，pp. 9～10
6) 植田章・岡村正幸・結城俊哉編著『社会福祉方法原論』法律文化社，1997年，p. 2
7) 窪田暁子ほか「社会福祉援助技術現場実習スーパービジョンの研究（その1）—実習学生スーパービジョンの意義—」『中部学院大学・中部学院大学短期大学部研究紀要第8号』2007年，p. 105
8) 同上

9) 北島英治・副田あけみ・高橋重宏・渡部律子編『ソーシャルワーク演習（上）』有斐閣，2002 年，pp. 10 ～ 11

参考文献
黒川昭登『現代介護福祉論・ケアワークの専門性』誠信書房，1989 年
ミルトン・メイヤロフ著，田村真ほか訳『ケアの本質・生きることの意味』ゆみる出版，1987 年
岩瀬成子編『新版介護福祉概論』建帛社，1990 年
根本博司・佐藤豊道編『社会福祉援助技術』建帛社，1990 年
大和田猛編『ソーシャルワークとケアワーク』中央法規，2004 年
平岡公一・平野隆之ほか編『社会福祉キーワード』有斐閣，1999 年
京極高宣『社会福祉学小辞典』ミネルヴァ書房，2000 年
福祉士養成講座編集委員会編『新版社会福祉士養成講座・介護概論』中央法規，2001 年
福祉士養成講座編集委員会編『新版介護福祉士養成講座・介護概論』中央法規，2003 年
三好明夫編『介護福祉学』学文社，1996 年
三好明夫・仲田勝美編『介護技術学』学文社，1997 年
三好明夫・西尾孝司編『高齢者福祉学』学文社，1997 年
飛永高秀「施設実習を考える」『絆（KIZUNA）』第 17 号，愛知県児童福祉施設長会，2005 年

索　引

あ 行

アセスメント　78
アプテカー, H. H.　38
医学モデル　54
医師　12
一番ケ瀬康子　18
意図的な感情表現の原則　68
岩田正美　18
インターグループワーク説　111
Well-Being　11
栄養士　12
NPO　109
エンゲルス, F.　15
援助課題　5
援助関係の対称・非対称性　9, 13
援助専門職　5, 8
エンゼルプラン　119
音楽療法士　12

か 行

介護技術　129
介護福祉　128
介護福祉士　132
介護保険制度　5
ガイドヘルパー　12
カウフマン, S.　32
カウンセリング　66
学習理論　50
家族機能　22
家族周期　23
看護師　12
間接援助技術　63
関連援助技術　63
危機理論　47, 50
ギッターマン, A.　39

機能学派　37
キャプラン, G.　50
共同作業　3
クオリティ・オブ・ライフ　129
窪田暁子　95, 134
グループダイナミックス　74
グループワーク　64
ケアマネジメント　66, 80
ケアワーク　127
傾聴　71
ケースワーク　64
言語聴覚士　12
公共性　5
高齢者保健福祉10ヵ年戦略　118
個別援助技術　64
個別化の原則　67
コミュニティ・ディベロップメント　110
コミュニティワーカー　109
コミュニティワーク　65
ゴールドプラン　118
コンサルテーション　66

さ 行

作業療法士　12
サレエベイ, D.　41
ジェネラリスト・アプローチ　39
ジェネラリスト・ソーシャルワーカー　39
ジェネリック　40
COS　110
資格制度　9
自我心理学　50
自己覚知　68, 137
自己決定の原則　68
自助　17
市場化　5
市場原理　5

システム理論　39
慈善組織協会　35
実習教育　134
実体概念としての社会福祉　14
実態論　19
資本制社会　15
社会活動法　65
社会権　18
『社会診断』　35
社会的公正　5
社会福祉運営管理　65
社会福祉援助　1
社会福祉援助技術　1
社会福祉援助論　2
社会福祉及び介護福祉士法　1
社会福祉学　6
社会福祉計画　65
社会福祉士　1
社会福祉実践　1
社会福祉調査　65
社会福祉法　14
社会福祉方法論　2
社会保障制度　16
社会問題　3,15
ジャーメイン，C. B.　39
自由権　18
集団援助技術　64
住民主体の原則　112
受容　43
　──の原則　68
障害者プラン　119
状況的危機　51
処遇困難ケース　28
自立　17
診断学派　37
心理社会的アプローチ　47
ストレス・コーピング理論　50
ストレングス・アプローチ　40
スーパービジョン　66, 135
スペシフィック　40

スモーリー，R. E.　37
成育歴　37
生活再建　27
生活歴　37
生殖家族　22
精神分析学　36
制度論　19
セルフ・ヘルプ・グループ　79
専門職教育　8
専門職制度　9
ソーシャル・アクション　65
ソーシャル・アドミニストレーション　65
ソーシャルワーク・トリートメント　40
ソーシャルワーク・リサーチ　65

た　行

ターナー，F. J.　40
タフト，J.　37
地域援助技術　65
直接援助技術　63
定位家族　22
低所得層　6
転移　43
統制された情緒関与の原則　68
トール，C.　37

な　行

ナショナルミニマム　14
　──論　16
ナラティブ・モデル　40
ニー，R. H.　39
ニーズ　101
ニーズ・資源調整説　110
ニューステッター，W.　110
ネットワーク　66
ノーマライゼーション　14

は　行

バークレー報告　116
パーソナリティ理論　36

パターナリズム　6
働く貧困層　19
発達的危機　51
ハートマン，A.　41
バーネット，S. A.　110
ハミルトン，G.　37
パールマン，H. H.　37
非審判的態度の原則　68
秘密保持の原則　68
貧困線　16
貧困の発見　16
貧困問題　15
福祉コミュニティ　107
福祉住環境コーディネーター　12
福祉多元主義　12
福祉六法　14
ブース，C.　16
プレイ，K. L. M.　37
フレックスナー，A.　36
フロイド，S.　36
訪問介護員　12
保健師　12
ポストモダン　40
ホームヘルパー　12
ホメオパシス理論　50
ホリス，F.　37

ま　行

マードック，G. P.　22
目的概念としての社会福祉　14

ら　行

ライフサイクル論　16
ライフ・モデル　39, 47
ラウントリー，S.　16
ランク，O.　37
理学療法士　12
リッチモンド，M.　35
臨床心理士　12
リンデマン，E.　50
レイン報告書　110
レクリエーションインストラクター　12
老人保健福祉計画　118
労働者の非正規化　19
労働問題　15
ロス，M. G.　111
ロバーツ，R. W.　39
ロビンソン，V.　37

わ　行

ワーキングプア　19

編著者紹介

吉浦　輪（よしうら　とおる）

1963 年生まれ
1989 年　日本福祉大学大学院社会福祉学研究科修士課程修了
1998 年　東洋大学大学院社会学研究科社会福祉学専攻博士後期課程修了
　　　　博士（社会福祉学）
　　　　医療法人財団健和会ソーシャルワーカー，東京都立大学人文学部社会福祉学科助手，法政大学現代福祉学部助教授を経て
現　在　中部学院大学人間福祉学部健康福祉学科准教授
著　書　『介護マニュアル―在宅生活を支える地域活動―』（中央法規出版，1991 年，共著）
　　　　『高齢者福祉の組織心理学』（福村出版，1994 年，共著）
　　　　『社会福祉士・精神保健福祉士・ケアマネジャーになるために』（誠信書房，2000 年，共著）
　　　　『精神障害者地域リハビリテーション実践ガイド』（日本評論社，2002 年，共著）
　　　　『社会福祉援助技術論　下』（川島書店，2003 年，共著）
　　　　『高齢者と家族の支援と社会福祉―高齢者福祉入門―シリーズベーシック社会福祉第 5 巻』（ミネルヴァ書房，2008 年，共著）

シリーズ　社会福祉の探究 4
社会福祉援助学
――介護福祉士・社会福祉士の専門性の探求――

2008 年 4 月 15 日　第 1 版第 1 刷発行

編著者　吉浦　輪
発行所　株式会社　学文社
発行者　田中　千津子

〒153-0064　東京都目黒区下目黒 3-6-1
電話　(03) 3715-1501㈹　振替 00130-9-98842

乱丁・落丁の場合は本社でお取替えします。　印刷／株式会社新灯印刷
定価はカバー，売上カード，に表示してあります。　〈検印省略〉

ISBN978-4-7620-1513-7
© 2008 YOSHIURA Toru Printed in Japan